髙橋惠子
Keiko Takahashi

先輩ママの子育てたまてばこ

文芸社

はじめに

私が子どもの頃は『十年ひと昔』と言って時間がゆっくり流れていたような気がします。それに比べて、今は『一年ひと昔』でしょうか。いや、もっと速いかもしれません。日々、技術は進歩し、目まぐるしい発展を遂げています。物は豊かで、街にはあふれています。

でも人々は、本当に幸せなのでしょうか。最近のニュースを耳にする度に考えてしまいます。

『不易流行』という言葉があります。時代と共に変化しなければならないこともありますが、いつの時代でも変わってはいけないものもあるのではないでしょうか。今の日本は変わってはいけないものまで、変わってしまったように思います。

私は今まで歩んできた人生の中で、多くのことを学んできました。子どもとして、教師として、妻として、母として、そして人としていろいろな経験をしてきました。出会った数多くの方から教えていただいたことは、全て私の財産となっています。

私が学んだことの中には、どんな時代にも通用することがたくさん含まれています。

『不易』に当たる部分です。人との関わりで大切にしなければならないことは、相手を思いやる心だと思います。いつの時代でもそれは変わりません。子どもとの接し方など特にそう思います。

今回、五十音順にそれらを書き出してみました。自分の半生をさらけ出すようで恥ずかしい思いもありますが、この本が少しでもお役に立てれば幸いです。

子育ては人を育てるという責任重大な仕事ですが、お子さんの成長を喜び、楽しみながらやってほしいと思います。子育て中のパパ・ママ、頑張れ！

高橋　惠子

先輩ママの子育てたまてばこ

もくじ

さ行

た行

な行

は行

ま行

や行

先輩ママの子育てたまてばこ

あ

☆☆☆☆☆☆☆

朝ごはんは午前中のエネルギー

電車に乗ったとき、ある学習塾の広告に、「朝ごはんは、学力の素」と書いてあるのが目に入りました。朝ごはんを食べている子どものほうが、テストの正解率が高いというのです。「早寝・早起き・朝ごはん」は、脳の活性化を促すためという説明も書き添えてありました。

これを読んで、こんな当たり前のことが塾の広告になるほど、今のお父さん・お母さんたちは、子どもの成績だけに目がいって、本来、親として一番やるべきことを忘れる傾向にあるのではないかと考えてしまいました。

学校で六年生の担任をしている友人が、朝からぼうっとしている子が多いので、朝食を食べてきたか尋ねたそうです。食べてこない子が数人、食べてきたと言っている子の中には、パンだけという子もいて驚いたそうです。

「これでは、勉強する気が起きないのは当然よね」

と話してくれました。勉強以前の問題がありそうです。

　私も担任をしているときに、朝食抜きのため、お腹がすき過ぎて気持ちが悪くなる子や授業にまったく身が入らない子を見たことがありました。夏の水泳指導の時期には、プールの中で倒れたら命取りになることもあるので、

「朝食を食べてこない場合は、プールに入れません」

と、朝食の必要性について力説したこともあります。

「早寝・早起き・朝ごはん」が午前中の活動力・集中力などを決めると言っても過言ではありません。

　子どもに学校でしっかり勉強してほしいと思ったら、まずお父さん・お母さん自身ができることを見つけてみてください。

あ

☆☆☆☆☆☆☆

挨拶《あいさつ》は心と心を結ぶ懸け橋

どこかで見かけた挨拶の標語です。これを見たとき、その通りだと思いました。

しかし、最近は、挨拶もろくにできない大人が増えているようです。会社で仕事をしている友人が、

「この頃の新入社員には、仕事の仕方を教えるだけでなく、挨拶の仕方も教えなければならないのよ。親に教わっていないのかしら」

と、ぼやいていました。顔を合わせても挨拶すらしないなんて世の中がぎくしゃくするはずです。

挨拶のできる子にするには、親が日頃からやって見せることだと思います。お世話になった人に会ったとき、親が、

「こんにちは。この間はどうもありがとう。助かったわ」

と言っている姿を見て、子どもは挨拶の仕方を覚えていくのです。子どもが人に会ったと

き、

「こんにちは」

と言えたら、たくさんほめてあげてください。進んで挨拶をしようという気持ちになると思います。繰り返し行うことで、自然に身に付いていくことでしょう。

挨拶というと、「おはようございます」「こんにちは」「こんばんは」を思い浮かべますが、「ありがとう」「ごめんなさい」「すみません」「失礼します」「おやすみなさい」など、いろいろあるものです。

大人も子どももこれらを上手に使って、よりよい人間関係を築けるようになるといいですね。

い

☆☆☆☆☆☆☆

命の大切さをわかる子に

日本は、今、戦争中でもないのに、毎日のように殺人事件が起こっています。それも、親が子を、子が親を殺すような事件が跡を絶ちません。

また、社会的な問題も背景にあるのでしょうが、自殺する人も相当います。

どの人の命も尊いものです。せっかくこの世に生まれてきたのだから、その命を大切にしなければならないと思います。親は子どもにこのことをしっかり教える必要があると思います。

無事に生まれてくるということは、大変なことです。妊娠しても、途中でどんなことがあるかわかりません。私の知人の中にも流産や死産の経験者がいて、その経験を思うと胸が痛くなります。いろいろな危機を乗り越えて無事に生まれ、その後の危機も乗り越えてきたから、今、生きていると考えると、生きていることのありがたさがわかります。

私が子どもの頃、母に、

「あなたがお腹に入った頃、妊娠とはわからず、体調が変で病院に行ったのよ。すると、『子宮が倒れていて妊娠しにくくなっているから、すぐ手術をして治しましょう』とお医者さんに言われたの。家に帰ってお父さんやおばさんたちに相談すると、手術なんて大変なことを一つの病院で決めず、いくつか病院に当たってみてはどうか、それでどの病院でも手術したほうがいいと言われたら、手術すればいいとアドバイスされたの。そこで、違う病院に行ったところ『おめでとうございます。妊娠です』と言われ、大変なことにならずにすんだのよ」

と、聞かされました。一つ目の病院で診断された通り母が手術をしていたら、私の命はそこで絶たれていたわけです。母が父やおばたちに相談して、よいアドバイスをしてもらったおかげで、私は母のお腹で生き続け、無事に生まれることができたのです。

そう知ったとき、私は、この命を大切にしなければと強く思いました。今まで多くの人に出会い、いろいろなことを体験して幸せを感じることができるのも、こうして生きているからなのです。

う

☆☆☆☆☆☆☆

美しいものを美しいと感じる心を！

勉強はある程度集中してやればできるようになりますが、心を育むことはすぐにはできません。小さいときから、風景・音楽・絵画・人の行為や気持ちなど、いろいろなものを通して、美しいと感じたり、思ったり、考えたりして育んでいくものだからです。どの子にも美しいものを美しいと感じる心をもってほしいと願っています。

美しい夕焼けを見て、何も感じない人はいないと思いますが、立ち止まって、しばらく見入ってしまう人はどれだけいるのでしょうか。大人が、子どもを立ち止まらせ、「見てごらん。きれいな夕焼けだね。あの色がなんとも言えないくらいきれいだねぇ」と、語りかけることによって、子どもは夕焼け（美しいもの）の美しさを知るのだそうです。

人の優しさに触れたり、心が洗われるような出来事を見聞きしたりしたときは、子どもに話してあげるといいと思います。人の心の美しさを感じとる機会になるからです。心は風景と違い見えません。見えないものは特にわかりにくいので、話す機会に恵まれたときは、ぜひお子さんに話してあげてください。

時間に追われ、忙しい毎日だからこそ、大人も子どもも美しいものを美しいとゆったりと感じる心のゆとりがほしいものですね。

え
☆☆☆☆☆☆☆

栄養は子どもの成長に合ったものを

これは、私が教師になったばかりの頃、もうすぐ退職なさる先生に教えていただいたことです。ひとつの例として、次のような話をされました。

「母乳に栄養があることは知っているが、自分の胸が変形するのはいやだと思っている若い母親がいました。その母親は、母乳が出るのに粉ミルクで子どもを育てました。ところが、その後子どもの発育不良に悩むことになります。そこで、今までのことを振り返り、『あのとき、この子に母乳をあげなかったのがいけなかったのかもしれない』と反省して、すでに幼児になった子どもに母乳を飲ませようとしても、その母親から母乳はもう出ないでしょう。仮に飲ませられたとしても、栄養的には意味がないでしょう。母乳は、乳児が飲むから価値があるのです。つまり、子どもを育てるときは、その時期ごとに必要な栄養を与えなければ、健全に育たないということなのです」

この先生がおっしゃっていた「栄養」というのは、食べ物のことだけではありません。子どもが将来大人になったときに、一人で生きていける力の基礎になるもの（学力・体力・生活習慣・人間関係など）や親から受ける愛情や支援なども含めて言っているのです。初めて三年生を担任していた私に、三年生に必要な「栄養」に気付かせるために話してくださったのです。

当時、英才教育がもてはやされて、まだオムツのとれていない二歳くらいの子どもに『論語』を読ませるような教室がテレビで紹介されていました。

大人でもすぐ読めないような漢字を読むので、一見すごいと思われますが、私はその様子を見て、オムツがとれるように、親におしっこが出ることを知らせる訓練をするほうが先ではないかと思いました。

生後数ヶ月の赤ちゃん、五歳の幼児、小学校二年生と三人の子どもがいたとしたら、それぞれ違う「栄養」があるはずです。

目の前にいる自分の子どもに、今、身に付けさせなければならないことはなんなのか、その子の成長段階を踏まえて考えることが大切です。

お

☆☆☆☆☆☆☆

お小遣いは家庭ごとに違って当たり前

お小遣いについては、よくお母さんたちの間で話題になります。与え始める時期や金額がわからず、よその家庭の実情を知りたくなるようです。

私自身が小学生の頃は、何か買うときは母に、

「△△という理由で○○が必要だからお金をちょうだい」

と言うと、母が判断してお金を出してくれたので、あえてお小遣いをもらう必要はありませんでした。中学生になってからは、一定のお小遣いをもらいましたが、使わずにお年玉と同じように銀行に預けていたように記憶しています。母に言えば必要なものが買えたからでしょうか。

私が親になってからも、同じように子どもたちは必要なものがあると、母親である私に話してお金をもらって買っていました。また、私の父（子どもにとっては祖父）が、毎週日曜日には遊びに来ていて、子どもたちはお楽しみのように近くのお店で、好きなお菓子

などを買ってもらっていたので、お小遣いの必要性があまりない環境でした。

それぞれの家の事情や環境により、お小遣いの考え方は違っていいと思います。

毎月決まった金額のお小遣いを与えることは一理ありますが、与えれば金銭感覚が身に付くかというと疑問が残ります。それを補うためにお父さんお母さんの給料日、お正月のお年玉、お金を使い過ぎて起きた事件など日常のいろいろな場面をうまく捉えて、お金の大切さに気付かせたり、計画的なお金の使い方を考えさせたりすることもあわせて行うとよいと思います。

子どもに対して何かさせるときは、漠然とさせるのではなく、このことを通して何を身に付けさせたいのか明確にしておくとわかりやすいと思います。お小遣いも同じように考えてみてはいかがでしょう。

か

☆☆☆☆☆☆☆

考える力を育てよう

以前、テレビで視聴者から寄せられた面白ビデオの番組を見たことがありました。その中の一つに次のようなものがありました。

まだ二歳くらいの子でしょうか。家具と家具のすき間に入ったものを取りたくて困っていると、母親はそばに来て取ってあげるのではなく、

「頭を使いなさぁーい」

と声をかけました。すると、その子はすき間に向かって急に頭を頭突きのようにして突っ込み始めました。すき間は狭かったので、もちろん頭は入りません。でも一所懸命、頭を使っているのです。

二歳くらいなので、母親の言葉を母親の意図するようには理解できていませんが、母親の言葉をしっかり聞いて行動している様子に思わず笑ってしまいました。

このビデオの場合は、その子のしたことは精一杯のことだったと思いますが、もう少し

年齢が上だったら、孫の手や物さしのような身の回りにあるもので、すき間に入る棒などを見つけてきて取り出したと思います。

大人が取ってあげるのは簡単なことですが、その子ができることなら、たとえ時間がかかってもその子自身にさせることが大切です。子どもはそういうことの繰り返しで、いろいろと身に付けていくからです。

私も、学校や家庭で、その子自身が考えてできることは、

「頭があるでしょう。頭を使いましょう」

と声かけをしてきました。

子どもは、年齢が低ければ低いなりに、状況を判断し、そのとき考えられる最良の答えを出すものです。ですから、頭から無理と決めつけずに、考える時間を与えてみてください。年齢が高くなるにつれて、考える力が深まっていくのがわかると思います。よい考えを出したときには、

「すごいね。お母さんもそこまで考えつかなかったわ」

などとほめると、考えることが楽しくなって自分から進んで考えるようになります。また、

「あなたが真剣に考えたことなら、お母さんもきっと賛成できると思うから考えてみてね」

と、子どもを信じた言葉かけをすると、無責任な考えはしなくなります。

親や教師は一生子どもに付き添って生きていくわけにはいきません。親は先にいなくなり、子どもはいずれ大人になって一人で生きていかなければならないことを考えると、子ども自身ができることは少しでも多く身に付けさせてあげたいと思います。また、自分のことを自分で考えて決めるとか、どんなことに対しても、自分なりの考えがもてるなど、考える力もしっかりつけてほしいものです。

き

☆☆☆☆☆☆☆

聞き上手は、子どもの能力を高める

子どもが小学生になると、いろいろな教科を学習するようになります。きちんと理解できているだろうか、先生の話は聞いているのだろうかと、お家《うち》の方は気が気ではないと思います。帰って来た子どもをつかまえて、

「今日はどうだった？　先生の話はちゃんと聞いていた？」

などと、矢継ぎばやに聞いたところで、子どもから完璧な答えが返ってくるはずはないので心配はつのるばかり。何かしなくてはと、とりあえず市販のドリルなどを買ってやらせてみるということはありませんか。

学校の様子を知りたかったら、担任の先生に聞くのが一番だと思いますが、学習の内容を理解しているかどうかだったら、お子さんにどんな学習をしてきたか話させるのがいいと思います。

以前、こんな話を聞いたことがあります。戦前の話でしょうか、昔の人の話です。

農家のお子さんで、両親は毎日働くことで忙しく、その子の勉強をみてあげることはまったくできない状態でした。でも、その子は大変優秀な成績を修めていたというのです。なぜかというと、実は、毎日夕食のとき、その子はその日学習したことを両親に話していたのです。

人にわかるように説明するには、その人自身が完璧に理解していなければできないことです。ですから、その子は両親にわかるように説明するために、しっかり先生の話を聞いて理解していたのです。両親は、子どもの話を聞いて、自分たちが知らなかったことを知ると、知識が増えたと言って大変喜んでくれたというのです。その子は、また明日も両親を喜ばそうと思って、学校の勉強をしっかりやっていたそうです。

親が聞き上手になることで、子どもの知識が定着し理解力は伸びるものです。ただ現代では、おけいこ事があったり、テレビ視聴に時間をとられたりと、子ども自身が忙しく過ごしている状態です。ですから、一番楽しかった授業ひとつに絞って聞くのも一つの手だと思います。

他の人にわかるように話すということは、その授業内容を理解しておくことのほかに、相手の反応を感じながら説明の度合いも変えていかなければなりません。話す場は、同時に今の人に足りないといわれているコミュニケーション能力を高める場にもなると思います。お子さんに話してもらった授業内容に対しては、必ずよかった点をほめ、次のやる気につなげてあげてください。

き

☆☆☆☆☆☆☆

気にしないでいられる対処法を見つけよう

今の世の中、ストレスになることがたくさんあります。お勤めしている人で、毎日ストレスを感じない人などいるのでしょうか。仕事で失敗したときなど、自分で相当反省して落ち込んでいるのに、さらに上司にしかられたらストレスはたまる一方ですよね。

昔は、子どもはストレスに無縁でしたが、最近は子どもまでストレスを感じて病気になるケースが出てきました。

そこで、私は、担任した子どもたちに、いやなことを言われたときの対処法をいくつか教えてきました。

一つ目は、聞き流す方法です。低学年の子には、まんが『ドラえもん』ののび太君を例にとり、

「ママが、のび太君をしかるシーンがあるでしょう。のび太君は、最初はママがどうしてしかっているのかをしっかり聞いて反省するけれど、ママが同じことを繰り返してガミガ

ミ言い出すと、ママの言うことをしっかり聞かず、早く遊びに行きたいなぁとか、今日の夕食のおかずは何かなというようなことを考え始めるよね。いやなことを全部受け止めて気にしていたら体がもたないから、ああいうふうに、ときと場合によって聞き流せる力は必要なのよ」

と話しました。

二つ目は、自分のことではないと思う方法です。いやなことを言われたら、言っている人がその人自身のことを言っていると心の中で思いなさいと教えました。例えば、友達に、

「バーカ」

と言われたら、言われた自分がバカなのではなく、言っている友達がバカということになり、腹も立たないからです。この方法で救われた子は結構いました。

三つ目は、気にしないソングを歌う方法です。コマーシャルソングを使って替え歌を作り、みんなで歌いました。歌が入るといやだった気持ちが一瞬なごみ、気にしていたことが少しやわらぎます。私が使ったのは、スナック菓子のコマーシャルソングです。

「やめられない、止まらない、○○○○」

というワンフレーズを、

「気にしない、気にしない、○○○○」

と、替え歌にして歌ってあげました。

今、三つの方法を紹介しましたが、どんな方法でもいいと思います。気にしないでいられる、自分なりの方法が見つかれば、いやなことを言われても、少しは楽な気持ちで対処できるようになるからです。

どんなことでもすぐ気にして反応する子に対して、相手はその反応が面白くていつまでもやめないものです。だから必要のないけんかが始まったり、友達関係が悪くなったりするのです。学校では、両者がいるので、すぐ気にする子には、気にしなくてすむ方法を教え、逆にいやなことを言う子には、相手の気持ちを考えさせたり、言ってはいけない傷つく言葉を教えたりします。

ご家庭で、もしお子さんが何か言われて気にしているようなことがあったら、まずはお子さんのいやな気持ちを共感してあげてください。そして、次に気にしないでいられる方法を一緒に考えてあげてください。そうすることで、子どもは少しずつ精神的に強くなっていくと思います。

く

☆☆☆☆☆☆☆

口で言うより優《まさ》る『抱っこ』の愛

教師時代、数多くの講演会で話を聞きましたが、その中で一番強く心に残っている話が『抱っこ』の話です。

その話をしてくださった講師の先生は、長年、障害児の教育に携わっている方で、たとえ障害をもって生まれても、成人したら自立し、自分で収入を得て生活するべきであるという考えをもっていました。

そのため、その先生が園長を務める施設では、ぶどうを育てるところから始めるワイン工場を併設していて、施設をあげて、ワイン作りに励んでいました。先生自身、結構ご高齢に見えましたが、やる気が満ち満ちていて、感心させられました。

その先生は、長年携わってきた障害児教育についてお話しされたのですが、私はその先生のおいたちの話の中から、母親の深い愛を感じ、心を打たれました。

先生が幼い頃は、大正の終わりか昭和の初め頃のことだと思われます。家は農家で忙しく、生活は決して楽ではなかったそうです。毎日両親は朝早くから夜遅くまで畑仕事に追われ、まだ歩けない頃は、あぜ道に置かれた大きなかごの中で一日中過ごしていたという話でした。小学校に入る前、就学前の保護者会があっても、母親は忙しくて出られず、自分の名前を書けるようにするなど就学前に家でやっておかなければならないことも徹底できずに入学式を迎えるありさまだったそうです。

学校に入ってからは、授業についていけず、授業が面白くないので、となりの子にちょっかいを出したり、いたずらをしたりして、担任の先生にはしかられてばかりだったとか。いつしか担任の先生は嫌いな存在になり、学校なんか燃えて消えてしまえばいいのにと思うようになったとのことです。

そんな折、家庭訪問が始まり、家庭訪問がすんだ友達が、次の日学校で、先生にほめられた自慢話をするのを聞いて、家庭訪問は先生が子どもをほめに来るものらしいと思いこみ、自分の家庭訪問の日を楽しみにするようになったそうです。

そして迎えた家庭訪問の日、どんなことをほめてくれるのだろうと楽しみに待っていたところ、担任の先生は来るなり、いつもしかられていること、名前もしっかり書けないこと、洟《はな》がたれてくると服の袖でふき取るので袖口がテカテカになってきたならしいことなどを母親に話したそうです。母親はただただ下を向いて、

「申し訳ございません」

を繰り返すばかりだったそうです。となりの部屋からそっと聞いていたが、一つもほめることなくその先生は帰ってしまったので相当がっかりしたそうです。と同時に子どもながら、母親に申し訳なく、母親にしかられるなと思いながらもそっと母親のところへ行くと、母親は、

「こっちにおいで」

と、自分を呼びよせ、一言も怒らず、

「いいんだよ」

と言い、ひざの上に座らせてから、両手でぎゅっとしばらくの間、抱きしめていてくれたそうです。

その夜、家に鼻紙がないので、母親は新聞紙のような紙を二十枚くらいに切って、一度くしゃくしゃにしてから丁寧に伸ばして、鼻紙の代わりのものを作ってくれたそうです。

そして、朝、学校に出かけるとき、

「いいかい。洟が出たらこの紙でかむんだよ」

と言って、そっと手渡してくれたそうです。

決して裕福ではないが、母親の子を思う気持ちは誰にも負けないくらい温かいものがあ

ったので、その先生は、年をとった今でも、あの日に抱きしめられたことを鮮明に覚えているのです。言葉はなくてもぎゅっと抱きしめられたとき、どれだけ救われたかと話していました。

「小さい子にとって『抱っこ』は、母の愛そのものです。抱っこの子育てをしてください」

の言葉に、私も、また一緒にその話を聞いていた周りの人も、ジーンとこみ上げるものを押さえ切れませんでした。

く

☆☆☆☆☆☆☆

工夫のある家庭学習は子どもの能力を伸ばす

小学校低学年は、学び方を学ぶ基礎の段階なので、一人学習はなかなかできないものです。学校から宿題が出されれば、それをこなすことはできても、自分で学習内容を考えて勉強するのは難しいでしょう。そのような時期は親子で楽しみながら学習する方法をお勧めします。親子での会話がはずみ、子どもの理解力などもわかり一石二鳥です。

私が考えた親子学習の例をいくつか紹介しましょう。

①しりとり

親子で交互に行います。口で言うのもいいですが、ノートに文字で書いて行います。

あか→かかし→しま→まり→りす→すいか……

②漢字の部分しりとり
「へん」や「つくり」などどこか一部を使ってあればよいタイプです。
校→松→公→窓→安→女→姉→市→六→文……

③漢字のしりとり
熟語の最後の漢字を最初に使うタイプです。
人間→間口→口絵→絵画→画板→板書……

④漢字クイズ
組み合わせると、ある漢字になる問題をどちらかが作り、その答えをもう一人が考えます。
㊫・口の中に玉が入っているよ　㊮・国
㊫・一たす大は？　㊮・天

⑤お話作り
一人が一文書いたら、もう一人が次の一文を書きます。それを交互に繰り返します。

話がどんな展開になるか終わってみないとわからないので楽しく、世界に一つしかない話ができ上がります。
次の話は、小学校二年生の息子と実際に作った話です。息子から始めました。

㋙むかしむかしの大むかしのこと、ふるいふるいえんぴつがおちていました。
㋭そのえんぴつは、みどり色で「あきら」とうすく名前が書いてありました。
㋙それをねずみさんが、
「なんだぁ」
と言って、家へはこびました。
㋭ねずみさんは、しばらくえんぴつをながめていました。
㋙そこへちらしがとんできました。
㋭ちらしには、ねずみさんがはこんできたえんぴつのせんでんが書いてありました。
㋙えんぴつで字や絵がかけると書いてありました。
㋭ねずみさんは急に何かが書きたくなりました。
㋙それで、ちらしのうらに何かを書きました。
㋭じつは、ねずみさんがえがいたのは、とってもおいしそうないちごのショートケーキの絵だったのです。
㋙ ねずみさんは、いちごのショートケーキが食べたくなりました。
㊟ 前に食べたことがある、大きないちごがのったあまいショートケーキを思い出してしまったのです。
㋙ そのようすをねこがのぞいていました。
㊟ ねこは、ねずみが何かおいしいものでも見つけたのかと思いました。
㋙ そこで、ねこはどんどん近づいてきました。
㊟ そして、ねずみさんの後ろまで行き、いちごのショートケーキの絵を見たのです。
㋙ ねこは、いちごのショートケーキの絵を見てあんまりおいしそうだったので、その絵を食べてしまいました。
㊟ びっくりしたのはねずみさんです。
㋙ すごくまずいので、ねこはペッペッとはき出してしまいました。
㊟ それを見て、ねずみさんはねこが気のどくになりました。
㋙ そこで、ねずみさんはねこに、
「本当のケーキを食べに行こうよ」
とさそいました。

㊎ 二ひきは、なかよくケーキを食べに行きましたとさ。おしまい。

鉛筆からねずみと猫へと予想外の展開になりました。

①〜⑤は、国語の学習ですが、他の教科でも、親子で問題を考えてやってみてはいかがでしょう。

算数では、計算でもいいですが、数字を使って絵を描く（例えば、４をヨットにする）とか、数字でことばを表す（２９→肉、８３１→野菜、４６４９→よろしく）など、楽しいことを考えると数字に対する考えも広がります。

休みの日、お父さんと運動（体育）をしてもいいと思います。

親子でアイディアを出し合うところからが勉強です。子どもと一緒にどんな楽しい学習が考えられるかなと、わくわくした気持ちで始めてみてはいかがでしょう。

け

☆☆☆☆☆☆☆

元気に登校できるのが一番

息子が小学一年生のときのことです。ある朝、なかなか起きてこないので起こしに行くと、なんと布団の中でしくしく泣いていたのです。朝から泣いているとはよほどのことがあるのだろうと思い、私は息子に理由を聞きました。すると息子は、

「きのう宿題が出たの。運動会でやる恐竜の踊りを、先生が夕方までにやっておきなさいと言ったの。でも、僕はすっかり忘れてやらないで寝ちゃったから朝になっちゃった。あぁ、もう夕方は過ぎちゃったからできないよう。どうしよう」

と、泣きながら言うのです。私は、息子に、

「今から起きてやれば大丈夫。宿題はお家でやればやったことになるのだから」

と言って、起こしました。息子は『夕方までに』ということをしきりに気にしていたので、

「お母さんも先生だから、宿題はその日のうちにやってほしいけれど、朝やってきても学校に来るまでにすませたのなら、やってきたことにしているよ」

と言うと、少し安心したようでした。主人も横から、

「宿題は、学校に行く前までにすれば平気だよ。だから今からやりなさい」

と言ってくれたので、息子はいつの間にか元気になりました。恐竜の踊りは胴の部分の人とおしりの部分の人の二人が必要ということで、主人がその役を引き受けてくれました。

速く動く主人に、

「お父さん、速く動き過ぎるから、僕がうまく動けないよ」

と、息子が言うと、

「お父さんは、学校で一緒に恐竜の踊りを習っているわけではないから、お父さんにわかるように説明してくれないと、正しい動きはできないよ」

と主人。このやり取りを聞きながら、朝食の仕度をしていた私は、息子が元気になってよかったなと思いました。

☆――か 行

今回、先生がおっしゃった『夕方までに』という言葉は、子どもたちが忘れないで練習してこられるようにという思いからだと思われます。しかし、息子のようにすっかり忘れて朝を迎えてしまった子どもにとっては致命傷になってしまうことを、私はこのとき初めて知りました。当時は、私も主人も教師をしていたので、他人事ではなく考えさせられました。主人が、

「僕たちも、僕たちの知らないところで、何人泣かせてきたことかわからないね」
と言っていましたが、私もそう思いました。

このことがあってから、私は必ず四月の保護者会でこの話を例に挙げ、お家でのフォローをお願いするようにしました。教師のよかれと思ってしたことが、どのように受け止められるかわからないからです。子どもといえども、いろいろなことで悩み苦しみます。それを、家庭では親が、学校では教師が少しでも取り除いてあげられたら、子どもたちは安心して元気に生活できると思うからです。

フォローするような出来事があったときには、それを連絡帳で知らせていただけるようあわせてお願いしました。学校と家庭の連携は大事なことだと思います。子どもたちにとって、元気に登校できるのが一番です。

こ

☆☆☆☆☆☆☆☆

公共の場でのふるまい方は小さいときから教えよう

銀座などでは「歩行者天国《ほこてん》」といって、道路を歩行者のためだけに開放し、道を歩きながらソフトクリームを食べたり、道路にテーブルとイスを置いて、くつろいだりできるようになっています。この「ほこてん」が始まった当時、若かった私はシャレていていいなぁとすぐ受け入れることができましたが、母たちは、歩きながら食べることはお行儀が悪いとあまり賛成ではないようでした。

その頃から比べると、今や日本は、電車の中でも自分の家のように過ごす人が増えたように思います。食べたり、化粧をしたり、電話をしたり……。他人にとって何が迷惑かすらわからないので東京都では迷惑防止条例が作られましたが、自分中心の行動は一向に変わりません。

ファミリーレストランなどで、子どもたちが走り回る光景を見たことがあります。自分の家なら少しくらい大声で歌おうが、走り回ろうが他人に迷惑がかかることはありませんが、やはり大勢が使うところや公共の場では、子どももそれなりのふるまい方ができるようになってほしいと思います。

学校では必ず行事の中に遠足（校外学習）があります。貸切バスで行く場合は、バスの中でレクリエーションをして過ごせますが、公共のバスや電車を使うときは、そうはいきません。ですから事前に指導をして、他のお客さんに迷惑がかからないようにするのです。

私は、低学年の担任のときは、よく「おじさんの手紙」という話を使って指導をしました。


あるおじさんが電車で出勤中、遠足の子どもたちと乗り合わせます。おじさんは、

「あーあ、うるさくなるな」

と、覚悟を決めて目をつぶりましたが、いつまでたっても騒ぎ声は聞こえません。

「あれ、乗らなかったのかな」

と目を開けると、目の前には、ぎっしり子どもたちが乗っています。でも誰もふざけず、しゃべる子はいないのです。おじさんはその中の一人に、

「どこの学校ですか？」

と聞くのです。車内での子どもたちの態度があまりにも立派なので、久しぶりにさわやか

な気持ちになれたおじさんは、後日、子どもたちに自分の気持ちを伝える手紙を出したという話です。


この話を読み聞かせた後、私は、子どもたちに、

「このおじさんからお手紙をもらえるような学校の子どもたちは、どんな電車の乗り方をしたのでしょうか？」

と質問し、その演技をやってもらいます。子どもたちは、よくわかっているので、一言もしゃべらない立派な子どもを演じます。次に、

「それでは、絶対にお手紙などもらえない子どもたちの乗り方はどうでしょうか？」

と質問します。すると、子どもたちはとてもほめてもらえないふるまい方を演じます。そして、最後に、

「あなたは、自分が遠足で電車に乗るとき、どのような乗り方をしますか。やってみてください」

と言うと、全員がしっかりとしたふるまい方を演じます。もちろん遠足当日も学習したことは生かされます。子どもたちは、事前にしっかり考えさせれば、場をわきまえたそれなりの行動がとれるものだと思います。

小さいからいいやではなく、小さいからこそ、公共の場ではそれなりのふるまい方があること（T・P・O）を教える必要があると思います。このことは、他人への思いやりであり、人として必要なものだと思います。

公共の場に出かけるときには、家を出る前に騒いでよいところかどうか親子で確認しておくといいかもしれません。そして、子どもがきちんとできたときには必ずほめてあげてください。

こ

☆☆☆☆☆☆☆

子どもの気持ちは体の状態に表れる

娘が小学校一年生のときのことです。入学して一ヶ月が経とうとしていました。ある朝、急にお腹が痛いと訴えました。特に下痢をしているわけでも熱が高いわけでもありませんでした。

当時、私は仕事をしていたので、できるだけ休みを取りたくなかったのですが、病院に連れて行った後、六歳の子どもを一人マンションに寝かせておくのも不安で、一日休暇を取ることにしました。

早速、かかりつけの医院に連れて行きました。そこは昔からの医院で、私自身が小さい頃からお世話になっていたこともあり、先生はご高齢の方でした。

私が病状を話すと、先生は娘をベッドに寝かせて、お腹を中心に診察を始めました。そして、おもむろに、

「う〜ん、胸もきれいだし、お腹も特に異状はないし、学校で何かあったの？」

と、娘に尋ねました。すると娘は、

「となりにすわっている○○君が、私のことを嫌いって言ったの」

と答えました。

「そう。それが心に残っていたんだね」

と、先生は優しく言いました。そして、

「先生もね、子どもの頃、どうしよう……とすごく心配したことがあったんだよ」

と娘に言いました。娘は先生の顔をしっかり見ながら話を聞いていました。

「先生の小学校はすごく広くてね、体育をする校庭の続きに、木がいっぱいある裏山のようなところがあったんだよ。休み時間になると、みんなその裏山へ行って、夢中になって遊んだんだよ。ある日、先生はつい楽しくて時間を忘れて遊んでしまったんだ。そしてね、気が付いたら、もう誰もいなかったんだ。『しまった！　授業が始まっている』と思ったら、急に担任の先生にしかられてしまうことばかりが頭の中に浮かんできてね。でも、とにかく校舎まで急いで戻ったんだ。そして、担任の先生にしかられるのを覚悟して、教室のドアをそっと開けて中に入ったんだよ。みんなは勉強中でシーンとしていたから、すごくはずかしかったけどね。

ところが、担任の先生は、先生のことをしからず、すぐ席に座らせてくれたんだ。先生はね、すごくホッとして、今までドキドキしていた気持ちがおさまったんだよ。思わず『助かった！』と思ったよ。学校に行くといろいろあるんだよ。先生にもあったから心配しなくていいんだよ」

と、話してくださったのです。その話を聞いて娘も心が楽になったのでしょうか。いつしかお腹の痛みも消えていました。私は、改めて、この先生は名医だなと思いました。と同時に、

「学校で何かあったの？」

と聞けなかった自分を反省しました。大人もそうですが、子どもは特に気持ちが体の状態を左右するように思いました。大人にとって些細なことであっても、子どもにとって深刻なことはたくさんあるものです。ちょっとした配慮で子どもの不安が取り除けたら、それに越したことはありませんから。

診察が終わり、二人で家に帰った後、私は娘の連絡帳に今日の診察の結果と、おとなりに座っている子との関係について書きました。そして、次の日、娘にそれを持たせました。担任の先生は娘の状況を理解してくださり、おとなりの子と娘を上手に仲直りさせてくれました。先生からの連絡帳によると、二人はその後、手をつないで遊んでいたということでした。

さ

☆☆☆☆☆☆☆

産後一ヶ月の奥さんには夫の愛情が一番

妊娠がわかり、だんだんお腹が大きくなってくると、どんな子が生まれてくるのだろうと、夫婦で楽しみにするものです。

私は、妊娠三ヶ月に入ると、つわりの症状が出始め、朝よく吐き気をもよおしていました。主人が心配して、もどしている私の背中をさすってくれました。でも、吐くのを見ているので、当然主人まで食欲がなくなり、朝ごはんが食べられないことが多々ありました。まるで二人してつわりのようでした。

胎動を感じる頃になると、お腹に手を当てたり、話しかけたりして、赤ちゃんとの対面が楽しみになりました。

臨月近くなると、お腹も相当大きくなり、寝ていても足がつることが増え、その度に主人に治してもらいました。

妊娠中、いろいろなことがありましたが、赤ちゃんに会いたいな、早く生まれてこないかなと楽しみにしていたので、精神的に弱くなることはありませんでした。

一番つらかったのは、産後一ヶ月です。身体的にも精神的にも不安定だったのではないかと思います。産後一ヶ月というのは、熟睡できないのです。赤ちゃんがまるで時計がわかるかのように三時間おきに泣いてお乳を要求していましたから、夜中も起こされ、もうろうとしていました。身体的にもつらい思いがありますが、精神的にはなおさらでした。

当時、主人も一緒に私の実家に帰っていました。父母もいるし、なんの心配もない状態だったのに、主人が仕事で帰りが遅くなると聞いただけで涙が出てくるのです。主人は少しも悪くないのですが、自然に悲しくなってしまうのです。当時は自分だけかと思っていましたが、そうではなく産後一ヶ月は多かれ少なかれ皆そういう時期だということが後でわかりました。生後一ヶ月の乳児は、まだ母親を認識して笑うようなこともなく、ただ泣くだけですから、余計ブルーな気分になりやすいのかもしれません。私は、経験上、この時期にご主人に協力してもらえなかったら、母親は何をするかわからないと思っています。

例えば、赤ちゃんが泣いているときに、

「おれは仕事で疲れているんだから、赤ちゃんの泣き声をどうにかしろ」

なんて言われたら、赤ちゃんの口を押さえてしまうかもしれないのです。これを乗り切るには、なんといってもご主人の力（愛情）が必要です。仕事で疲れているでしょうが、父親としてできることは率先してやってほしいと思います。沐浴、オムツ替えなど、やれることはやってください。そして、身体的・精神的にブルーになっている奥さんを優しく抱きしめ、言葉かけをして安心させてほしいと思います。

私は、結婚した息子に長男が生まれる前にこの話をしてあげました。息子はそれなりに考え、実行したようです。義理のお母さんがうらやましがっていましたから。

し

☆☆☆☆☆☆☆

躾は「つ」の付くうちに

これは、私が二十代の頃に五十歳くらいの先生に教わったことです。

躾は「つ」の付くうちにしなさいというのです。「つ」が付くというのは、年齢のことです。「一つ・二つ・三つ……九つ・十」と数えていくと、九つまでは「つ」が付くでしょう。でも、十になったら、「つ」は付きません。つまり、躾は九歳（小学校三年生）くらいまでにしっかりしなさいということなのですね。

四年生くらいになると、親を客観的に見られるようになり、批判もできるようになります。そうなってから、大人の考えを押し付けようとしても言うことは聞かないでしょう。だから、小さい頃からの躾が大事なのです。

人は社会性のある動物だから、一人では生きていけません。人と交わりながら生きていくのですから、わがままが通るわけはないのです。我慢する力が必要です。電車に乗ったときなどはよい機会です。他の人に迷惑がかからない乗り方を教えてあげてください。

他にも、誰かが話していたら黙って聞くとか、口の中に食べ物が入っているときはしゃべらないとか、間違って人の足を踏んだら謝るとか、知っている人に会ったら挨拶をするなど、人に対する心遣いも大事です。

また、人を殺す・自殺する・盗みをする・嘘をつく・だます・傷つけるなど人としてやってはいけないことは、いろいろな場面を捉えて、何度でも「いけないことだ」と教えていかなければならないことだと思います。

躾は、ひとりでに身に付くことではなく、親が心して教えていくことだと思うのです。なかなか身に付かないこともありますが、教えたことができたときには必ずほめてあげてください。自信につながると思います。

し

☆☆☆☆☆☆☆

食育は子どもを健全な大人へと導くもの

平成十八年に入ってからのことです。インターネットでニュースを見ていたら、「校長、児童にこっそり牛乳を」という見出しが目に入ってきました。どういうことだろうと思って詳しい内容を読んだところ、家庭でしっかり食事を摂っていない子どもが朝から体に力が入らないのを見るに見かねて、校長先生がその子にたびたび牛乳を与えていたという記事でした。

もちろん校長をはじめ、学校側は保護者と面談をし、成長段階の子どもには、栄養を考えた食事が何よりも必要であることを理解してもらい、家庭での協力をお願いしたようでしたが守ってもらえず、困った挙げ句に行ったことのようでした。

東京都教育委員会の調査によると、朝食を必ず摂ってくる子どもは、小学生で約八八パーセント、中学生で約七〇パーセントだそうです。また、食べてこない子や食べないことが多い子どもは、小学生で約五パーセント、中学生では約一〇パーセントいるそうです。

これは、一クラス四十名とすると、小学生は二人、中学生では四人が朝食抜きということになります。育ち盛りの子どもにとって決してよい結果ではありません。

政府は、食育基本法（平成十七年七月施行）に基づき、平成十八年三月より食育推進基本計画をスタートさせました。それによると、いろいろな目標の中の一つとして「朝食を欠食する国民の割合の減少」が掲げられ、二〇一〇年度までに、朝食を摂らない小学生をゼロにするとの数値目標をもり込んでいます。

しかし、先のニュースのような児童をなくしていくには、家庭の協力が第一条件なのです。

食べることは、人間が生きる上で不可欠な行為です。それなのに、今、日本国民は、大人もきちんとした食事を摂っていないのが実情です。一人暮らしの若い女性で、『お菓子がごはん』というのを聞いたことがあります。お菓子では、カロリーは摂れるかもしれませんが、栄養素は十分摂れません。ですから、いずれ体に支障が起こるでしょう。

外食産業が増え、母親が台所に立って食事を作っているところを見ない子どもも増えていると聞きます。しょっちゅうファミリーレストランへ行ったり、出来あいのお惣菜ばかり食べたりしていれば当然のことです。食べるということは、ただお腹を満たせばよいだけではありません。親が子に対する愛情でもあるのです。

子どもは、いずれ大人になります。そのとき、一人で生きていける力を子どものうちに身に付けさせなければならないと思います。その一つが正しい食生活を営む力だと思います。そのために食育が必要なのです。

テレビの食育の番組で、服部栄養専門学校の服部幸應氏が、食育には次のような三つの柱があると話していました。

①選食力を身に付けること

バランスよく栄養が摂れるように食べ物を選ぶ力と、添加物や農薬などの害を知り安全な食べ物を見極めて選ぶ力の二つです。

②食事における礼儀作法を身に付けること

箸を正しく持てない日本人が多いそうです。日本人としての食文化を教え伝える必要があります。

③世界の食事情を知ること

日本は飽食ですが、毎日餓死している民族もいます。世界の人口は増加中なので、いずれ食べ物もなくなるでしょう。輸入に頼っている日本は輸入されなくなったらどうなるのでしょうか。地産地消を見直すことも必要です。牛海綿状脳症（ＢＳＥ）や遺伝子組み換えなど、安全面での問題も山積みです。

今後、子どもたちは、学校や地域などで、「食」について学んでいく機会が増えると思いますが、食事の基本はやはり家庭です。たまには子どもと一緒に食事を作ったり、家族で食卓を囲みながら、だんらんを楽しんだり、食べ物のおいしさ、栄養、安全性などについて話し合ったりするのもいいと思います。健康な体でしっかり働ける大人に成長するためにも、「食」を大切にしてほしいと思います。

す

☆☆☆☆☆☆☆

好きなことは、子どもを動かす原動力

私は、教師時代に、お絵描き、本読み、工作など好きなことに夢中になっている子どもの姿を見るとうれしくて、面談の折に、よくそのことをお家の方に話しました。しかし、お母さんの中にはそのことを余り喜ばず、

「そのくらい、勉強に夢中になってくれるといいのですが……」

と言う人もいました。

「夢中になれるくらい好きなことがあるのは素晴らしいことですよ。伸ばしてあげてください」

と話すのですが、目先の成績を重視している場合は、特にわかってもらえないように感じました。

私の娘は、あまり自分から行動するような子でなく、中学生になっても一人で電車に乗

って遠出をすることは考えられなかったのですが、あるとき、こんなことがありました。

私が仕事から帰って来ると、

「ああ、お母さんより早く帰れてよかった」

と言いました。学校から帰って来るだけの娘が私より遅くなるはずがないのに、何を言っているのだろうと思い、

「どういうことなの?」

と聞くと、

「お母さんに内緒で、有楽町まで行って来たの」

と言うのです。

この頃、娘は宝塚歌劇団に夢中でした。この日は、公演のチケットを買うために友達と出かけたのです。でも友達は好きな劇団員の追っかけをするので一緒に帰れず、一人で怖かったけれど、心配かけるといけないから、お母さんが帰宅するまでには家に戻らなければとの思いで帰って来たとのことでした。

私は、このことを聞いて、とにかく驚きました。近くの本屋さえも「一緒に行って」と言っていた娘が、一人で有楽町から帰って来たというのですから……。この子のどこにそんな力があったのでしょう。そのとき、私は夢中になれるくらい好きなことは、人を動か

すほどの力をもつのだなと思いました。

娘は、内緒で出かけていたので、相当しかられると思っていたようですが、私は娘の行動力と成長を改めて知り、しかるどころか感心してしまいました。

その後、娘は歌や踊りを習いたいと言いだし、練習が苦しくても頑張っていました。

「好きこそものの上手なれ」とも言いますが、好きなことは夢中になれるし、人生を豊かにすると思います。お子さんに好きなことがあったら、ぜひ伸ばしてあげてください。

☆――さ行

せ

☆☆☆☆☆☆☆

性教育は科学的に理路整然と

小学校五年生を担任したとき、養護教諭と協力して性教育の授業をしました。胎児の様子、胎児の成長、誕生後の子どもの成長、男の子の体、女の子の体……と段階を追って学習を進めていくと、子どもたちは、その仕組みに驚くとともに感激もしていました。

私は教師をしていたせいか、自分の子どもにも性教育はしっかりやりたいと思っていました。ただ、必要としていないときに、大事な話だから聞きなさいと始めても意味がないと思っていたので機会をとらえて行うことにしました。

息子が小学校三年生のときのことです。

「お母さん、一緒にお風呂入ろう」

と言われたとき、私はちょうど生理中だったので、

「今日は、入れないの」

と言いました。いつもなら、お腹が痛いと嘘をついてごまかすところを、その日は理由を

説明しました。紙に卵巣・子宮・膣を描いて生理の仕組みを教えました。

「女の人は、卵巣から毎月一個卵が出るの。そして、その卵は卵管を通って子宮に来るの。子宮では、卵が赤ちゃんとして大きく育つように、血液でベッドを用意するの。ところが卵には、赤ちゃんになる卵（受精卵）とそうでない卵があるのよ。赤ちゃんになる卵なら血液でできたベッドは必要だけど、そうでない卵の場合は、子宮で育てる必要がないから血液のベッドもいらないわけ。だから卵と一緒に膣から血液が出てくるの」

「今も出ているの？」

「そうよ。だいたい一週間くらい続くのよ」

「えっ、それが一ヶ月に一回あるの？」

「そう」

「大変だね。僕、女じゃなくてよかった」

と言っていましたが、私が、

「でも、それがないと赤ちゃんが産めないのよ。だから大変でも女の人はみんな頑張っているのよ」

と付け加えると、考え直しているようでした。難しかったかもしれませんが、ＸＹ遺伝子にも触れ、

「お母さんは、女だからX遺伝子しか持っていないけど、お父さんはX遺伝子とY遺伝子の両方を持っているの。お母さんのX遺伝子とお父さんのY遺伝子がくっついたから、あなたは男として生まれ、お母さんのX遺伝子とお父さんのX遺伝子がくっついたから、妹は女として生まれたのよ」

と話したら、

「ちょっと違ったら、僕は男として生まれなかったかもしれないんだね」

と、自分が今、男の子として存在している不思議さに改めて感心していました。

男と女の性別の話になったので、男の子の体の絵も描き、男の子の性について話しました。

「中学生ぐらいになると、脳が大人の体になる準備を始めなさいと命令を出すのよ。そうすると、男の子は精巣で精子（おたまじゃくしのような形）を作り始めるの。精子はある程度作られると体の外に出てくるの。初めて出てくることを精通と言い、男の人になった証拠なの。女の子は、脳からの命令があると、さっき説明したように卵巣から卵子が出てくるようになるのよ」

「そうなんだ」

「男の子の精子と女の子の卵子が合体しなければ、実は赤ちゃんにはならないの」

と言うと、

「別々の体の中にあるのに、どうやって一緒になるの？」

と聞かれました。

「精子は、空気に触れると死んでしまうので、直接お父さんの体からお母さんの体に入れてもらわなければならないの」

と言うと、

「お母さんもお父さんに入れてもらったの？　いやらしい」

と少々興奮ぎみになりました。でも、

「世の中の人がみんないやらしいことだからと言って、それをやめたらどうなるの？」

と聞き返したところ、

「あ！　赤ちゃんが生まれない」

と言いました。

「でしょう。人間が絶滅してしまうことになるのよ。だから、このことはいやらしいことではないの。とっても不思議なことだけど、お母さんは、お父さんとなら子どもがほしいと思ったのよ。だからあなたが生まれたの。すごくうれしかったわ。でも、いやらしいことではないといっても、誰とでもできることではないのよ」

☆——さ 行

と話しました。自分の誕生を、親が心から待ち望んでいたことを感じてくれたらと思いました。息子が、

「さっき、中学生のお兄さんやお姉さんが大人になる準備を始めると言っていたけど、中学生同士でも赤ちゃんはできるの？」

と聞きました。

「できるでしょうね」

と答えると、信じられないという顔をして、

「えっ、そうしたら赤ちゃんどうするの？　誰が見るの？　お兄ちゃんとお姉ちゃんは学校があるじゃない。一人じゃ赤ちゃん死んじゃうよ」

と言うので、

「そうでしょう。だから赤ちゃんを産むには、お金も必要だし、育てるための知識も必要だから、ちゃんと結婚してからでないと大変なことになるのよ」

と付け加えました。息子は、

「僕、赤ちゃんにとって、よいお父さんになるために、これからいっぱい勉強することあるな。頑張らなくっちゃ」

と言いました。

私はこれを聞いて、小学三年生でも、一対一で反応を確かめながら、その子にわかるように説明すれば、知識を自然な形で取り入れていくんだなと思いました。

せ

☆☆☆☆☆☆☆

性教育の基本は生命の大切さ

私が小学校三年生を担任していたときのことです。

男の子が二人、カーテンのところに入り込んで抱き合ったり、キスをしたり、挙句の果てにはセックスしようと言い出したりして遊んでいました。そっとそばに行って、

「どういう意味なの？　先生にも教えて？」

と聞くと、

「わからない」

との返事でした。でも、なんとなくいやらしいということはわかっているようでした。

クラスの子どもの一部の出来事でしたが、同じ年頃であれば、ほかの子にも起こる可能性があるので、保護者向けの学級通信でこのことをお知らせしました。性への関心は個人差があるので、その子に合った対応ができるように、「家庭での子どもの様子を見てください」と付け加えました。

このようなことに対処するには、子どもたちがどういうルートでその言葉を知ったかをきちんと押さえておく必要があると思います。私のクラスの場合は、中学生のお兄ちゃんがいる子の家に遊びに行ったとき、いかがわしい本があり、それを見せられながら説明されたということでした。

二十数年経った今はもっと性の情報が氾らんし、子どもたちが見聞きするものも日常的になっています。親の知らないところで興味本位に知ってしまう性ほど恐いものはないと思うのです。

小さいときから命の大切さや生命誕生の神秘を生活の中で教えられて育っていけば、人の命の重みもわかり、人をいじめたり傷つけたりできなくなると思います。

性について、子どもから聞かれたときには、その子の発達に応じて、科学的に理路整然と説明すれば、子どもたちはいやらしく思うどころか、生命誕生の神秘に感激すると思うのです。

子どもはそれぞれ興味関心や理解力に違いがありますから、性教育は家庭で親がするのがベストだと思います。ただ、中には話せないという方もいらっしゃるでしょう。そういう場合は、学校で性教育を行った後をうまく利用されるのがいいでしょう。男女の体については三・四年生で学習することになっています。

自分の体を粗末にしたり、性犯罪を起こしたりすることがないように、正しい性教育が小学校段階から必要だと思います。

精通や月経のある中学生が、性交渉をすれば、一つの生命が宿る可能性があります。結婚した夫婦の間で宿ったときはみんなから祝福されるのに、それが中学生や高校生だったら大変です。でも、両方とも大切な命には変わりありません。後者は、もしかしたら暗やみに葬られてしまうかもしれません。赤ちゃんには罪はないのに、どうして苦しまなければならないのでしょう。

私はそういう過ちを子どもたちにしてほしくありません。責任のある行動がとれるようになってほしいと思うのです。そのためにも、生命を大切に考える正しい性教育が必要なのです。

せ

☆☆☆☆☆☆☆

成長の喜びをお祝いしよう

私が十二歳で初潮を迎えたとき、母は、

「おめでとう。お赤飯を炊いてお祝いしなくちゃね」

と言って、その日のうちに用意をして炊いてくれました。当時、何かお祝いごとがあると
お赤飯でしたから、急に出てきたお赤飯を見て弟が、

「何かあったの。お赤飯なんか炊いて」

と言うと、母は、

「まあね」

と言って、弟たちにはその理由を話しませんでした。知っていたのは、両親と私だけでした。二人の弟は訳もわからずお赤飯を食べたわけですが、私は、母が喜んでお祝いをしてくれたことをうれしく思っていました。

息子に、第二次性徴期の話をしたとき、私は、

「男の子も、精通があったときには、成長をお祝いしなくちゃね。お赤飯炊いてあげようか。それとも、ケーキのほうがいいかしら。あぁ、そういえば、クラスでこの授業をしたとき、金一封がいいなと言っている子がいたっけ」

と話すと、息子は、

「僕も金一封がいいな」

と言っていました。

それから何年か経って、息子が中学二年生のある日、

「お母さん、金一封ちょうだい」

と言われました。もちろん、その言葉で私は息子が成長していることを知り、お祝いをしてあげました。

とかく女の子はお祝いしてもらうことが多いようですが、男の子にもお祝いしてあげるといいと思います。

そ

☆☆☆☆☆☆☆

相談をうまく使って子育てをしよう

人間には悩み事はつきものです。一生そうかもしれません。その人により個人差はあると思いますが、くよくよ悩み始めると、なかなか解決できなくなります。

特に子育ては初めてのことなので不安だらけです。昔は、近所に子育て経験者がいっぱいいて、何かとアドバイスをしてくれたり、面倒をみてくれたりしたものですが、今は核家族が多く、近所付き合いも疎遠になっているので、昔のようなことは望めません。

また日中、子どもと二人きりで家の中で過ごしていたら息もつまり、小さな悩み事も日に日に大きくなってしまうでしょう。子育ては育児書通りにいかないとわかっていても、育児書をつい頼って余計に悩み事が大きくなってしまうこともあるかもしれませんね。

私の教え子の中には、

「子どもを産んで母親になり、毎日子育てや教育のことを考えているうちに、急に先生のことを思い出し、お会いしたくなりました」

というお手紙をくれた子や、
「上の子が小学生になり、勉強のことで、母親として迷うこともあり、先生に相談したくなりました」
と、家を訪ねてきた子もいました。完璧な回答はできませんが、子どもによっていろいろなケースがあることや自分の経験談を話してあげることで彼女たちは安心できたようでした。

何か困ったことが起きたり、悩み事が生じたりしたときには、一人で抱え込まずに誰かに相談することを勧めます。身体的なことは、やはり医者がいいでしょう。子育てのことなら、自分の親・先輩お母さん・子育て中のお母さん仲間などに話してみるとか。今は各市区町村などにも子育て支援センターなどがあるので、そこの方に相談するのも一つの手です。

お母さんが悩んで苦しんでいる状況では、いい子育てなどできません。子どもは、明るいお母さんが大好きだし一番ほっとできると思います。

また、「隣の芝生は青い」という言葉があるように、よその家はよく見えるものですが、みんな大なり小なり悩みを抱えています。それを一つ一つ克服して今があるのだと考え、ゆったり構える姿勢も大切です。

た

☆☆☆☆☆☆☆

体験は頭で理解するより身に付く

子どもには、遊んでばかりいられるより、机に向かって勉強してほしいと思っている親が一般的だと思います。でも、子どもの遊びの中には、たくさんの学びの要素が入っているのです。

小さいときから、動くおもちゃが好きだった息子は、乾電池を使うおもちゃでたくさん遊びました。そして遊びを通して、乾電池の仕組みを知り尽くしてしまったのです。

ある日、学校で乾電池の学習をして帰ってくると、

「お母さん、今日、学校で乾電池の勉強をしたんだけど、僕がいろいろ遊んで知っていることばかりだったから、もっと知らないことをしたかったなあ」

と言いました。遊びを通して学んだことは頭で理解したものとは違い、体が覚えているので忘れないのです。

学校で理科の実験をしたり、社会科見学に行ったりするのも、先生がものごとを、

「○○は大切ですから覚えなさい」

と教え込むより、子どもたちに体験させるほうがより身に付くと考えているからです。学校では、時間の制約があるので、全てを体験させるわけにはいきませんが、時間の許す限り体験を取り入れた学習をさせています。

子どもの頃を思い出してみてもわかるように、自分が体を使って行ったことは、

「○年生のとき、○○して面白かったなぁ」

などと、結構覚えているものです。

また、友達との遊びは、人間関係の基礎をつくります。一緒に遊んでいるといろいろな場面が出てきます。

例えば、砂場で山をつくっているとしましょう。大きな山にしたければ、砂をせっせと積み上げなければならないので、力を合わせるということを学びます。砂だけではもろいので水を含ませようと考えれば、水を運ばなければなりません。同じ子ばかりに水を運ばせていたら、けんかも起こるでしょう。でもお互いが相手のことを考えようとすれば、交替制という考えを出すかもしれません。山にトンネルを通そうと思えば、どこを掘ったらうまくいくか考えを出し合い、話し合うということを学びます。（実際はもっと多くのことを学ぶと思いますが……）

このように、遊びを通して学んだことは、知識につながるものもあるし、社会生活を営む人間として必要な力になるものもあるのです。

「為すことによって学ぶ」の言葉のように、人は体験を通して深く学びます。子どもにとっての遊びは、そういう意味からも大事なものといえるでしょう。

た

☆☆☆☆☆☆☆

食べ物が体や心（精神）を作る

トリノオリンピックのフィギュアスケートで見事金メダルをとった荒川静香選手について、放送席のアナウンサーとコメンテーターの会話です。

「それにしても荒川選手は、この大きな舞台で非常に落ち着いて、一つ一つの演技を確実にこなしていましたね。スピンもジャンプも本当に見事でした」

「そうですね。そのために練習も頑張っていましたが、荒川選手は、体によい食事を常に心掛けていましたね。体によいというのは均整のとれた体や体力をつけるといったことのほかに心（精神力）も安定させる点も含めてなのです。（以下略）」

オリンピックでメダルをとったときによく聞かれるタイプの会話といえばそれまでですが、私は、この会話の中には大事なことが入っていると思いました。それは、体によい食事というのは、体も心も健康（最高のコンディション）にするものだという点です。

もう約三十年前になるでしょうか。浪人生が両親を金属バットでなぐり殺すという衝撃的な事件がありました。後で聞いたのですが、その子の母親は、自分は粗末な食事をしても息子には栄養をつけさせようと思い、毎日のようにステーキを食べさせていたというのです。

この話から、食べ物と事件はなんらかの関係があるのではないかと考えた精神科医（と記憶しています）が、少年院に入っている高校生くらいの男子を対象に面会をして少年院に入る前の食事について調べたそうです。

私は、その結果を目にして大変驚きました。そこには、五人の男子の例が挙げられていましたが、全員に共通していたことが、「朝食なし」でした。朝ごはんが午前中の活動源なのに、これでは元気も出ないし、思考力は働かないでしょう。昼食は、五人とも、清涼飲料水一～二リットル、菓子パンなどおやつのようなものが多く、夜は焼き肉定食など肉中心で、ほとんど野菜がありませんでした。

当時、五年生の担任でしたので、家庭科で栄養のバランスが大切という学習をするとき、この五人の食事内容を資料として提示して考えさせてみたところ、五年生の子どもたちでも、アンバランスだということに気がつきました。

食べ物は、ただ空腹を満たすだけのものではありません。体も心も健康にするものでなければならないと思うのです。

カルシウムは精神を安定させる働きがあると学んだ子どもたちが、イライラしている友達に向かって、

「カルシウム足りないんじゃないの」

と、声をかけている場面を見たことがありますが、小学生になれば、そういうことも理解できるのです。

たまには、一緒に献立を考えるのもいいかと思います。親子で栄養の勉強をしながら体も心も健康にする我が家のオリジナル献立をつくってみてはいかがでしょう。

ち

☆☆☆☆☆☆☆

チューリップの歌は本当は人間の歌

以前、同僚に、
「『チューリップ』の歌は、人間の歌なんですよ」
と、教えられました。チューリップは、赤があったり、白があったり、黄色があったりして、どれもみんなきれいですよね。いろいろな色があるからこそ、お互いが引き立ち、それぞれのよさがわかるのです。

人間だって同じです。世の中の人間がみんな、姿、形、声、行動、能力、趣味など同じだったらどうでしょう。異様ですよね。チューリップの花のように、それぞれみんな違うけれど、それぞれよいところをもっているのです。

私は、このことを知ってから、『チューリップ』の歌が大好きになりました。歌詞をひとつひとつかみしめながらゆっくり歌うとジーンとします。

子どもに対しても、このような考えにたって触れ合うと、その子のよさが見えてくるものです。

ちなみに、この歌の作詞者は近藤宮子さん（故人）で、

「人間はじめ何事にもそれぞれの美しさ、よさがある。特に弱い者には目を配りたい」

という本人の思いがあるそうです。

つ

☆☆☆☆☆☆☆

強い意志をもてる子に

小学生になると、幼稚園や保育園の頃より友達関係も広がり、つながりも深くなります。また、大人がいない場面で遊ぶことも多くなるので、トラブルも生じやすくなります。

息子が小学二年生のときのことです。ある夜、同級生の女の子のお家から電話がかかってきました。内容は、息子が、その女の子にいやがることを言ったので、悲しんでいるというものでした。電話を切ってから、私はすぐ息子に、

「なぜ、そういうことを言ったの？」

と聞きました。すると息子は、

「○○君が、△△さんのことをそう言っていいよと言ったからそう言ったの」

と答えました。私は、人に言われたからとか、人につられたからという理由で行動することはよくないことだと気付いてほしくて、

「じゃあ、あなたは、○○君が道路に寝ろって言ったら、自動車がいっぱい通っている道

路に寝るの?」

と聞きました。すると息子は、

「しない」

と言いました。私は、

「だったら、どうして△△さんにそんなことを言ったの? おかしいじゃない」

と言いました。私は、さらに相手の悲しい気持ちにも気付いてほしくて、

「あなたのことも、これからは△△さんに言ったように言いますからね」

と言いました。すると、すごくいやな気持ちになったようで、△△さんの悲しい気持ちがどれほどだったか察したのでしょう。△△さんに自分から電話をして、

「もう、これからは絶対に言いません。許してください」

と心から謝っていました。

その後書いた息子の作文を読むと、このとき息子は、いくら人がやれとか言えとか言っても、自分でよいことか悪いことか考えて行動しようと思ったと書いてありました。

息子にとって、最初は何気ない一言だったかもしれません。でも、相手にとってはつらい悲しい一言だったのです。そのことに気付くことで、息子は、人の言いなりではなく、強い意志をもち、自分で考えて行動することの大切さを痛感したと思います。子どもは、

こうして成長していくのだと思いました。

人は易きに流れやすいものです。だからこそ、どんなときも一度自分で善悪の判断をしてから行動してほしいと思います。いろいろな機会を通して考えさせる場面を作ることは必要なことだと思います。

て
☆☆☆☆☆☆☆

テストは点数ではなく中身が大事

子どもが学校から持って帰ってきたテストを見て、点数で判断してほめたりしかったりしていませんか。

高得点でなければ認めないようなことをすると、子どもは悪い点数のものは持って帰らず、教室のゴミ箱や帰り道に捨てることがあります。私は、そういうかわいそうなテストを何度か目にしたことがありました。

ところで我が家では、息子が小学校中学年の頃、こんなことがありました。

漢字十題テスト（小テスト）を持って帰ってきたときのことです。確か六十点だったと思います。それを見ても私がしからなかったので、息子が、

「どうしてお母さんは、僕が六十点しか取れなかったのにしからないの」

と聞きました。教師をしていたせいか、いつもいろいろな点数を見慣れていたし、六十点といっても、その子がすごく努力して取った場合もあるので、点数だけを見て反応するこ

とはなかったのです。息子の質問に対して私は、

「えっ！　じゃあこのテストは、お母さんがガミガミしかったら、魔法がかかったように
パッと百点になるの？」

と聞き返しました。すると息子は、

「ならない」

と言いました。そこで私は、

「じゃあ、お母さんにガミガミしかられる時間を、間違えた四つの漢字の練習に当てたほうがいいんじゃない。時間だってもったいないし」

と言うと、

「そうだよね」

と納得して、一所懸命に間違えた漢字の練習を始めました。その後ろ姿に向かって、

「もし、お母さんがしかるとしたら、六十点を取ったのは、自分が前もって練習をしなかったからとわかっているのに、次も同じことをしたときよ。点数をとやかく言うのではなく、練習をしなかったことについてしかると思うな」

と付け加えておきました。

　その後、高学年の担任をしたとき、悪い点数を取った子が、

「あぁ、どうしよう。こんな点数持って帰ったらお母さんに怒られちゃうよ。困ったな」

と言っていたので、我が家の話をしてから、

「お母さんにガミガミしかられている時間はもったいないから、僕、間違えた問題のやり直しをするよって話せばいいじゃない」

とアドバイスをすると、

「そんなこと言ったら、何言っているのってもっと怒られちゃうよ」

と言ってきました。

「そんなことないと思うから、お母さんに話してみればいいのに」

と言う私に向かって、

「先生が僕のお母さんだったらいいのに」

と言われてしまい、親を説得する大変さが伝わってきました。

テストを点数で判断してほめたりしかったりするのではなく、間違えた問題をしっかり理解させる機会ととらえて学習させていけば成績も伸びていくと思います。

て

☆☆☆☆☆☆☆

添加物の現状にもっと目を向けよう

日本では、たくさんの食品添加物が使われています。コンビニの弁当類には約三十品目も使われているものもあり、私たちが一日に口にする食品添加物は、平均八十から九十品目にもなるそうです。量でいうと、年間四キログラムくらい摂取していることになり、もはや食品の一部といっても過言ではなさそうです。(『服部幸應のはて・なぜ・どうして・たべものクイズ4　加工食品・調味料編』合同出版)

私は、子どもが生まれて離乳食を作る頃から、農薬や添加物があまり使われていない安全なものを食べさせたいと思うようになりました。でも、自然食品を扱っている店は少なく、日常的に買うことはできませんでした。生協のものを買いたいと思っても、当時仕事をしていた私には、共同購入のお手伝いをすることは無理でしたのであきらめていました。

そんな折、宅配をしてくれるところを見つけ、すぐ契約しました。息子五歳、娘二歳のときでした。できる限り農薬を使わずに作られる野菜や果物は、大きさもまちまちで、ときには畑から虫まで一緒に付いてくることもありました。

娘が三年生のとき、宅配のキャベツの葉の間にいた青虫を大事に育て、羽化させたことがありました。当時秋篠宮さまのご結婚が話題になっていたので、娘はその蝶に、『武蔵野のきこちゃん』という名をつけ、近くの公園から放してあげました。

虫がついていると気持ちが悪くて食べられないという人もいますが、私は、虫が安全を証明していると思っています。安全な食品を家族に提供することは母親として、妻として、一つの役目だと思っている私は、添加物にも気を付けてきましたが、実際には、どのようなものか見たことはありませんでした。

それを目にしたのは、平成十八年九月はじめに、安部司氏（『食品の裏側──みんな大好きな食品添加物』東洋経済新報社の著者）の講演会に行ったときです。

実演のために実際に並べられた添加物は、ほとんど白い粉状のものでした。講演会では、安部氏が、これらの添加物を数種類混ぜ合わせ、いとも簡単に無果汁飲料を作って見せてくれました。無果汁ですから、果汁が一滴も入っていないのはわかりますが、水の中に添加物を入れ、まるで色水を作っているようで驚きました。着色料にもタール系の人工着色料と天然のものがありますが、メロン風の無果汁を作るとき、

「緑はないから、黄色と青色の人工着色料を混ぜて作りますがいやですか。天然がいいで

すか」

と会場に投げかけました。

「でも、天然の着色料には何が使われているか知っていますか。実は蚕のふんなんですよ。蚕は緑の葉しか食べないから」

と会場の反応を見ながら続けます。

「タール系がいいですか。ふんがいいですか。どちらにしても、こんな風に作られているんです。どんな添加物が使われているかは、必ず食品に書いてあります。みなさん、ちゃんと見ていますか」

といった具合で、実演とトークを混ぜた講演は説得力のあるものでした。

カット野菜は、いつまでも黒ずまないように消毒液につけられるとか、コーヒーに入れるミルクは添加物で作られていて本物のミルクではないとか、添加物がたくさん使われたニセモノ調味料など、私たちがどれだけ多くの添加物に囲まれて生活しているか改めて考えさせられました。

忙しい生活をしていると、つい出来あいのものですませてしまいがちです。簡単で便利だからです。でも、その代償は大きくなります。突然キレて、事件を起こした子どもの生育歴を調べたら、お母さんが作った食事を食べていないことが多かったそうです。親の後ろ姿を見て育つということでしょうか。誰が作ったかわからないものばかり食べさせられたら、感謝も生まれてこないのかもしれません。

コンビニ、マーケット、デパートなどで売れ残ったお弁当を捨てるのはもったいないないと思った養豚場の方が、それを引き取って豚に食べさせたところ、一年もしないうちに変化が出たそうです。生まれてくる豚は全て死産。生きて生まれても二十日くらいしか生きられなかったそうです。

添加物の安全性についてマウスで実験していますが、それは一種類ずつのことで、数種類を組み合わせたらどうなるかまでは調べられてはいません。この実情も考えて、食品を選ぶ必要がありそうです。豚に起きた変化が人間に起きない保証はないのですから。

安部氏は、親が子どもに添加物の入っているものを食べさせるとき、必ず添加物名を伝えるべきだと言っていました。また、子どもを対象に添加物の話をするときには、もし親が添加物入りの食品を食卓に並べたら、食べる前にそれがどういうものか親に必ず聞きなさいと話しているそうです。そして、その添加物について親がどういうものか説明できない場合は、それを食べなくてもいいとも話しているそうです。

食べ物は、私たちの体を作る大事なものです。添加物について、少しでも多くの人が関心をもち、安全な食品を選ぶようになればいいなと思います。

と

☆☆☆☆☆☆☆

友達は子どもの財産

『ともだちはいいもんだ』（岩谷時子作詞・三木たかし作曲）は、私が好きな歌のひとつです。

自分自身のことで考えてみても、子ども時代から今も続いている友達はかけがえのないものだと思います。本当に困っているとき、本当に悲しいとき、親はもちろん力になってくれますが、同じ世代の友達は、時には親より、同じ立場で気持ちがわかってもらえ、助けてもらえるものです。

私が担任をしていたときのことで、忘れられない子どもの友情がありました。

当時、学校では、一人一鉢での菊づくりに取り組ませていました。地域の方の指導により、品評会に出品できるほどの本格的な菊づくりでした。子どもたちは、春からずっと世話を続け、花が咲くのを心待ちにしていました。A子ちゃんも、その一人でした。水をあ

げたときに見つけたのでしょう。にこにこしながら教室に戻ってきて、

「先生、今見てきたら、つぼみが三つできていたの」

と、それはうれしそうに報告していました。

「そう、よかったわね。きれいな花が咲くのが楽しみね。ちゃんとお世話してきたからね。これからも続けてね」

と言うと、にっこりしてうなずきました。

ところが、それから数日後、A子ちゃんの三つのつぼみが茎の部分から折られていたのです。私は、A子ちゃんの鉢を校庭から教室に運び、クラスの全員に事実を話しました。周りの状況から見ても、明らかに強風によって倒されて折れたのではなく、わざと折った故意によるものだったからです。A子ちゃんが花の咲くのを心待ちにしていたことも付け加え、もし、この中にやった人がいたら、名乗りでなくてもいいから、A子ちゃんにだけは謝ってほしいと話しました。教師は警察官ではないので犯人捜しはできませんが、悪いことをしたら謝ることは教えなければなりません。

しばらく経ったある土曜日（当時は週六日制でしたので、土曜日は午前中授業）、帰りの会が終わったのに、二人の子どもが残っていました。

「どうしたの？」

と聞くと、私に相談したいことがあるというのです。私は事情を聞きました。すると、

「僕たち、A子ちゃんのつぼみを取ってしまった子を知ってしまったのです。でも、その子は僕たちの大事な友達なんです。だからみんなの前で恥をかかせるようなことはさせたくないし……」

「でも、悪いことをしたのだから謝ってほしいし……。どうしたらいいですか」

「あなたたちは、どうしたいの？　私がその子を呼んで話をしてA子ちゃんに謝らせることはできるけど……」

と言うと、

「先生に頼むより、僕たちが言ったほうがいいと思うけど、聞いてくれるかなぁ」

と、心配そうにしているので、

「あなたたちが、その子に自分たちの大事な友達だから悪いことはしてほしくないし、もし、してしまったときはきちんと謝ってほしいんだと言えば、その子は絶対わかってくれると思うわよ。それだけ僕のことを考えてくれているのかと思うはずよ。だって、あなたたちの友達なんだから」

と言うと、

「わかりました。僕たちでやってみます」

と晴れやかな顔になっていました。

「じゃあ、私は何もしなくていいのね」

「はい、先生は知らなかったことにして見ているだけでいいです」

「そう。でも、謝ったときには、そっと教えてね。いつになってもいいから」

「はい、わかりました」

と言って、二人は帰って行きました。

それから半月経ったでしょうか。ある日、二人が、

「先生、ちゃんとA子ちゃんに謝ってくれました」

と報告にきました。私は、

「よかったね。やっぱり、二人の大事な友達だけあってわかってもらえたのね。あなたたちのようないい友達をもって幸せね」

と二人をほめました。大人でもなかなかできないことを小学生の二人が、その子のことを思い、なし遂げたのです。

どの子にも、このような友達をつくってほしいですね。それには、相手のことを思いやる気持ち、善悪の判断、勇気などがお互いに育っていなければ成り立ちません。心を育てることは、大切な要素ですね。

な

☆☆☆☆☆☆☆

泣いても魔法は使えません

子どもはよく泣きます。ころんでは泣き、けんかしては泣き、しかられては泣き……。生まれたばかりの赤ちゃんなら、泣くことでお母さんを呼び、ほとんどのことが解決しますが、普通はそうはいきません。大人も泣けば問題が全て解決できるのなら泣きますよね。子どもは些細なことでも泣くので、私は少しでも早く泣きやみ、解決するための行動がとれるように、よく次のような言葉かけをしてきました。

例えば、植物の観察をするために校庭から持ってきた植木鉢を落として、廊下に土がこぼれてしまい泣いている子には、

「泣いたら魔法が使えて、土がもと通りにみんな植木鉢に戻ってくれるかな?」

と優しく声をかけると、横に首を振り、

「なりません」

と泣きながら答えます。

「じゃあ、どうしようか。泣いていても魔法が使えないのなら、涙がもったいないし……」

と言う頃には涙が減ってきて、

「自分で入れます」

「そう。じゃあ、先生も手伝うから、一緒に土を植木鉢に入れましょうか」

「うん」

と言って、土を植木鉢に入れる頃には泣きやんでいます。

こうして子どもたちは少しずつですが、今までならすぐ泣いていたことをがまんして、泣かないで解決するようになっていくのです。言葉かけは大切です。いろいろな場面で子どもたちが頑張れるような言葉かけを工夫してみてください。

な

☆☆☆☆☆☆☆

何事もゼロからの努力を認めよう

子どもが百点満点のテストを持って帰ってきたら、何点以上でほめますか。百点をとるのを当たり前だと思っていませんか。

私は教師時代、多くの子どもたちの頑張りを見てきました。

例えば、算数なら足し算も引き算も知らない一年生に教えるわけですが、子どもたちは紙が水を吸うように、どんどん理解し覚えていきます。学校では本当にわかったか、チェックするために一段階ごとにプリント形式の小テストを行いますが、その場合は点数にこだわらず、できていない問題をわからせることに重点を置きます。

もし、ある子が百点満点中三十点だとします。三十点なんてと思うかもしれませんが、それはすごいことなのです。だってまったく知らなかったことを理解して、三十点分とれたのですから。つまり〇《ゼロ》から三十点アップなのです。

寝返りができなかった赤ちゃんが、足を動かしたり、体をねじるようにしたりして初め

て寝返りができたとき、お父さんもお母さんも、

「すごい！」

と、喜んでほめるでしょう。あんなに小さい赤ちゃんでもそれがわかり、また何度も何度も繰り返しやってみせますよね。そうして上手になっていくのです。寝返りについて〇《ゼロ》だった赤ちゃんがアップ（上達）したのです。

さっきの三十点アップをほめてあげると、その子は、何度も何度も練習し、力を付けていきます。そして、五十点になり、百点になっていきます。

ところが〇《ゼロ》から考えず、百点から三十点を見てみましょう。アップではなく七十点もできていないということになります。親としてはほめ言葉はでませんよね。

「どうして三十点しかとれないの」

と、しかることになるのです。これでは子どもはやる気になれません。ほめられるときとは違って、練習もいやいややるので上達しません。

同じ三十点でもアップと考えるか、七十点ダウンと考えるかで大違いなのです。

帰国子女のお母さんに、アメリカでの話を伺ったことがありました。アメリカに行って初めての成績をもらったとき、英語に十段階評価で十がついていて驚いたというのです。英語はまったく知らなかった子で、習ったからといって、すごくできていたわけではなか

ったので何かの間違いだと思い、先生に尋ねたそうです。すると先生は、

「まったく知らなかった子が、あの期間であの段階までマスターするには相当の努力が必要です。その努力は素晴らしいもので、十の価値があります」

と、説明してくれたそうです。この評価はもちろんその子のやる気を育て、以後、英語を一所懸命勉強したことは、いうまでもありません。

ぜひ、○《ゼロ》を基準に考えて、その努力を認めてあげてください。お子さんのやる気にもつながります。

に
☆☆☆☆☆☆☆

日本文化を伝えよう

五十の手習いではないのですが、私は五十一歳のとき、着付け教室に通い始めました。教師を辞めて一年半が経った頃、ふと、日本人として生まれてきたのに、日本の民族衣装でもある『着物』も一人で着られないで一生を終えるのは、さびしいことだなあと思ったことがきっかけです。教師時代、卒業生を何回か送り出しましたが、当時は、心に余裕がなく着物で卒業式に参列しようという気も起こらず、洋服ですませてきました。

人生の中で私が着物を着たのも数回です。夏の浴衣、七五三の着物、成人式の着物くらいで、結婚してからはお正月に一度着物を着ましたが、まだ一歳半と小さい息子が抱っこをせがむ度に、子育て中はきれいな着物は着られないと思い、それ以後、着物は封印してしまいました。

今回、着付け教室に通い、着物の着方や着せ方を学ぶと共に、その歴史を学んだり、伝統的な着物に触れたりする機会にめぐり合い、着物の奥の深さを知りました。日本人の技の素晴らしさはもちろんですが、反物からできている着物は、洋服のリフォームとは違い、同じ着物として縫い直せる点や、一枚の着物を無駄にすることなく、浴衣→寝巻→雑巾と最後の最後まで使い切れる点などは、昔の人の知恵として感心させられました。

着物を着たときの立ち振るまいについても習っているのですが、なかなか身に付きません。私はぎこちなくなってしまいますが、先生の一つ一つの動きには無駄がなく感心させられます。今、教えていただいている先生の恩師の方は九十歳近いようですが、この立ち振るまいを普段からしているので、杖を使わずに歩かれているそうです。正しい立ち振るまいは体にもよいことを実証しています。

着物だけでなく、茶道からも、学ぶことがたくさんあります。お茶席では、話をせずにことを運ぶため、茶室から聞こえるいろいろな音を察知して、お客さんをもてなすのだそうです。お茶をいただく人は、最後、音をさせて飲み終えますが、その音を聞いて裏方さんは飲み終えたことを知り、お茶わんを下げに行くのだそうです。また、お菓子やお茶をいただくときに、先にいただく人は必ず次の人に、

「お先に」

と、会釈をしてからいただきますが、全て相手に対する思いやり（和の心）からきているのだそうです。

最近は特色ある学校教育ということで、茶道、華道などを初めとする日本文化を取り入れる学校が増えてきたと聞きます。よさが見直されてきているのだと思います。

小さいときに、日本文化のよさに触れ、和の心を知ることは、自然に礼儀作法の大切さがわかり、思いやりの心を育むことにつながり大変よいことだと思います。

に

☆☆☆☆☆☆☆

ニュース番組を親子で見よう

私は、担任した子どもたちに必ず、

「みなさんは、ニュース番組をよく見ますか」

と質問しました。

結果は、高学年でも見ている子は少なかったように思います。確かに、小学生が一人で見るには、内容が難しいこともあるので面白くないでしょう。他に楽しめる番組があればそちらを見たくなる気持ちもよくわかります。

でも、ニュースは、今の社会の様子がわかるので、ぜひ見てほしいと思うのです。理解しながら見るには、家族で見るのが一番いいと思います。

暑い季節になると、駐車場の車の中に残された乳幼児の死亡事故をよく耳にします。このような事故は、毎年のように繰り返されています。そんなとき、思わずニュースを見ていないのかしらと思ってしまいます。ニュースを見て知っていれば回避できると思うからです。さらに番組によっては、炎天下のしめ切った車内の温度を実際に測って危険を知らせてくれるものもあるので、見ているほうは一層注意すると思います。

子どもたちを狙った事件も少なくありません。どこでどんなことが起きたか知ることで、

子どもたちは、自分も気を付けようと思うものです。うまく機会をとらえて、家の場合はどうしようかと話し合えば、すぐ実生活に役立つことにもなります。

その他、殺人、窃盗、放火、詐欺など、人としてやってはいけない事件が毎日のように起きています。これらは、善悪やその判断力の大切さを教えるよい機会になります。どんなことがあっても人を殺すということはよくない（正当防衛は別）とか、どの人の命も尊いものだとか教える場になります。

また、一つ踏み込んで、どうしたら殺人をせずにすんだのだろうかと考えさせれば、人間同士がうまくやっていく方法についても触れることができます。その時点で、このような事件は単なるニュースではなく、その子の生きる力の一部になっていくのです。

政治のニュースなど難しくて親自身がわからないから子どもに説明できないというものもあると思います。私にもわからないことはたくさんあります。でも、子どもたちとニュースを見ながら一緒に考えたり調べたりすればいいのです。番組の中には、子どもがわかるように構成された『週刊こどもニュース』のようなものもあるので、利用するのもいい

と思います。

毎日は無理でも、一週間に一度くらいは、子どもと一緒にニュースを見てはいかがでしょうか。そして、ニュースに出てくる場所がすぐ確かめられるように、そばに地図帳を置かれることをお勧めします。地理感覚が身に付きます。

☆――な行

ぬ

☆☆☆☆☆☆☆

「盗みは犯罪」と小さい頃から教えよう

あまりにも万引きが多く、廃業に追い込まれる本屋さんが後を絶たないと聞いたことがあります。最近では、特集として万引きの実態を取り上げたテレビ番組もよく目にするようになりました。

いろいろな店で万引きは増えているようですが、決してお金に困っているわけではなく、スリルを味わいたいとか少しでも得をしたいという理由が多いようで驚いてしまいます。「盗みは犯罪」という意識が低いように感じてなりません。

スーパーマーケットでは、万引きを捕まえるために保安員をやとっている所もありますが、そうでない所も多いので、捕まらずにすんでいる人も多いのでしょうか。だからといって犯罪を繰り返していい理由にはなりません。

私は教師時代、警察の方から児童の犯罪などの実態について話を聞く機会が数回ありました。中でも印象的だったのは、万引きで補導された場合、引き取りに来る親の態度で再犯するかしないかわかるということです。引き取りに来る親は大きく二つのタイプに分かれるそうです。ひとつは、子どもに対してやったことをしかり、警察の人には心から謝罪するタイプ。もうひとつは、

「お金を払えばいいんでしょう」

と、代金で精算しようとする罪の意識のないタイプです。

もちろん、前者の場合は、二度としないそうです。ある親の場合、子どもの前で泣きながら土下座をして謝ったそうですが、

「親のあんな姿を見せられた子どもは、申し訳なくて二度としないよ」

と話してくれました。

これは、万引きをしてしまった後の親の姿勢ですが、できればこういうことのないように、小さい頃から罪の意識をもたせることが大事だと思います。

教師になりたての頃、五十歳くらいの先生に教えていただいた話で、大泥棒がなぜ大泥棒になったかというのがありました。大泥棒として捕まったときに、刑事がどうして泥棒を始めたのか聞いてわかったそうです。それは、その泥棒が小さいときから始まっていた

のです。実は、小さいとき、おばあちゃんが急須のふたを落として割ってしまい困っていたのを見て、よその家からふただけそっと取ってきておばあちゃんに渡したのが始まりだったとか。渡されたおばあちゃんは、自分の急須にぴったりおさまったので、

「ありがとう」

と、大変喜んでくれたそうです。その後も、落として割る度に代わりのものを運ぶと喜んでもらえたので、悪いこととは知らずに盗みを続けるようになってしまったということです。あのとき、

「これは、どこから持ってきたのだ。よその家のものをだまって取って来るのは泥棒だよ。返してきなさい。そんなものもらっても、ちっともうれしくないよ」

と言って、しかってくれていたら、自分はこんな大泥棒にはなっていなかったと話したそうです。

生まれたばかりの赤ちゃんは善悪などわかりません。でも、ことばを話し、周りの様子が理解できるようになったら、人としてやってはいけないことを少しずつ教えていくことは大事なことだと思います。

ね

☆☆☆☆☆☆☆

寝る子は育つ、睡眠は親にも子にも大事

私が小学生の頃、午後八時になると、母が、

「はい、子どもは寝る時間です」

と言って、テレビを消しました。ですから、その後、歯みがきをして床に就き、遅くとも八時半には眠っていたと思います。

当時は、まだテレビも出始めの頃で、今とは比較にならないくらい、娯楽は少ない時代でした。学校でもテレビの見過ぎなどの夜更かしのため、授業中に眠ってしまう子はいなかったように思います。

母になり、子どもたちが小学生だったときは、九時には就寝させるようにしていました。

子どもが、寝る前になって、

「あっ、宿題やっていなかった」

と言っても、

「もう寝る時間だからだめ。明日の朝、六時に起こしてあげるから、朝やりなさい」

と言って寝かせてしまいました。眠い目をこすりながらやっても思考力は働かないし、次の日の活動に支障をきたすからです。

前日、夜更かしをして十分睡眠をとってこない子は、午前中の授業はほとんど頭に入りません。目がとろんとして、いい姿勢が保てず、ひどいときには、机に伏して眠ってしまいます。気分不良で保健室に行き、ベッドに横になったとたん寝入ってしまう場合もあります。二時間くらい、ぐっすり眠ってしまった子もいました。眠ると大抵は元気になりますが、中には調子が戻らない子もいます。

成長ホルモンは、夜、眠っているときに出ると聞きました。身体の成長が止まっている大人も細胞が生まれ変わっていくので必要だそうです。また、眠ることは脳を休め、いやなことも忘れさせてくれるので、心身共に元気になれるとも聞きました。

夜型人間が増えている現代ですが、健康な体づくりのためにも、睡眠は、親子共々しっかりとることをお勧めします。

の

☆☆☆☆☆☆☆

脳の発達時期を意識させて学習させせよう

子どもが意欲をもって学習するためには意識付けが大切です。その一つに脳の発達を意識させる方法はどうでしょう。

体の発達は目に見えますが、脳の発達は外からわからないので、私は五年生に『脳の発達』を教えるとき、作文や絵を比較させる方法をとりました。

小学校一年生の作文と五年生の作文を比較すると、明らかに、五年生のほうが内容的にも量的にも優っています。絵を比較しても同じです。一年生の絵より五年生の絵が数段上です。子どもたちは、自分ではそんなに成長しているとは意識していないのですが、具体物を見ることで、脳の発達を再認識します。

小学校の低学年は直感的思考が強く、算数の計算でおはじきを使うなどできるだけ具体物を使ってやらなければわかりません。それが、四年生ぐらいになると抽象的な思考もできるようになってきます。また、今まで言いなりになってきた親に対しても批判できるようになってきます。体力も付いてきて、少しくらい重い物も持てるようになります。四年生を担任したとき、夏休みが終わったばかりの二学期の保護者会で、あるお母さんが、子どもの成長ぶりについて、

「昨年（三年生）までは、家族で旅行するとき、子どもも一つの荷物と同じように、常に気を配っていなければならない存在でしたが、今年（四年生）は、私を気遣って、私の荷物まで持ってくれました。一度に二つの荷物がなくなったようで楽に旅行ができました。ずい分成長したなと思いました。小学生のこの時期の成長は、目を見はるものがあります。」

と話してくれました。

小学校五年生から中学三年生くらいにかけてはどんどん知識を吸収し、多くのことが覚えられます。そして、この時期に覚えたことは、年をとっても覚えているものです。私自身、大学生のとき学んだ第二外国語（ドイツ語）は今ではほとんど忘れてしまいましたが、中学生のとき覚えた英語は、普段使っていないのに結構覚えていて驚きます。今から覚えようと思ったら、気が遠くなるほど、長い歳月がかかりそうです。

そう考えると、子どもたちは、今、学習するのには一番いい時期にいるのです。この大切な時期に勉強しなかったら、すごくもったいないです。

私は学習意欲を高めるには、その子に興味をもたせることが大切だと考えていますが、

あわせて、今、その子がどのような成長段階にいるのか、脳の発達段階を教えてあげることも必要だと思うのです。自分の体の状態を知ることは、生きる上で大事なことですから。

の

☆☆☆☆☆☆☆

飲み物は甘くないものを与えよう

子どもは、大人より体内の水分の割合が多いので、よく水を飲みます。ですから、子どもの飲み物は大事です。甘みの強いものよりお茶や水のほうがよいそうです。

息子がまだ一歳にならない頃のことです。近くの公園に行って驚いたことがありました。まだベビーカーに乗っている二歳ぐらいの子どもが、缶ジュースを持って飲んでいたのです。私自身も二十代前半で、わからないことだらけの時期でしたが、それでも、甘過ぎないのかなとか、量的にも多過ぎないのかなと思ってしまいました。あれを全部飲んだとしたら、明らかに砂糖の摂り過ぎです。

小学生の家庭科の学習の中にもありますが、缶ジュースには、かなり多くの糖分（二五〇ミリリットル入りの炭酸飲料水の缶一本に、約二三グラムの砂糖）が含まれているそうです。甘いジュースを飲むと、中の糖分のせいで余計にのどが渇くので、もっと欲しくなり、量が制限できなくなるそうです。それに対して、甘みのないお茶や水は、ある程度飲むとのどの渇きがおさまるので、飲み過ぎることがないそうです。

十～十二歳対象の調査によると、今、子どもたちの中で、世界で一番動脈硬化が進んでいるのが日本だそうです。甘いジュースや清涼飲料水ばかり飲ませていると、将来、子どものうちから糖尿病にもなりかねないという怖い話も聞きました。

健全な体として成長させるためにも、飲み物は糖分のないお茶や水を基本としたほうがよさそうです。

は

☆☆☆☆☆☆☆

歯の形が必要な食べ物を教えている

私たち人間は、毎日いろいろな食べ物を食べることによって、栄養を吸収し、生きていくことができます。でも食べ物が偏《かたよ》れば、体の調子が悪くなったり、病気になったりします。

今の日本はグルメブームで、人々は美味しいものへ走り、肥満が増えています。昔は成人病と言われていた病気も、今では子どもでもなるということで、生活習慣病という言い方に改められたほどです。日本人の食生活を見直す時期がきているのかもしれません。

ある健康セミナーで、「日本人の食事の変化」について、話を聞きました。戦後、食の欧米化によって、食べ物の種類が大きく変わってきているのです。そのことによる弊害を考えたとき、本当に必要な食べ物を必要な量だけ摂らなければ、健康な体をつくることはできないと改めて思いました。

人間にとってどんな食べ物をどのくらい摂ればよいかは、歯を見ればわかるという興味深い話も聞きました。

動物の場合、歯を見れば何を食べているのかわかるそうです。肉食動物には、やはり犬《けん》歯《し》のようなとがった歯が生え、草食動物には、菜切《なき》り包丁のような門歯《もんし》が生えています。草を食べる馬がヒヒーンと鳴いたときに見せる歯は、確かにそうなっていますよね。

肉食動物は、草食動物を食べるとき、腸から食べるそうです。それは、肉食動物には草を食べるための歯や草の繊維（セルロース）を消化するための酵素がないので、草食動物が食べて消化した草を狙って、まず腸を食べるからだそうです。自分たちの力では、植物からしか摂れない必要な栄養素を摂取することができないので、草食動物に助けられているわけです。本能がそうさせるのでしょうが、自然の仕組みはすごいものです。

また、野生の動物は、お腹が空《す》いたときしか獲物を狙いません。人間は、目の前に食べ物があると、お腹が空いていないのに、つい食べてしまったり、別腹などと言って満腹でもケーキを食べたりしてしまいますが、食べ過ぎを防ぐために野生の動物を見習いたいものです。

表　日本人の食生活の変化

（1934～94年調査　国民１人１年あたりの供給純食糧・単位キログラム）

品目＼年度	戦前（昭和９～13年）	現代（平成６年）	比較（戦前基準）倍
米	135.0	66.3	0.5
小麦	8.6	33.1	3.8
野菜	70.0	102.9	1.5
肉	2.2	30.6	14.0
鶏卵	2.3	17.8	7.7
乳製品	3.3	89.2	27.0
魚介	9.6	36.1	3.8
油脂	0.9	14.4	16.0

さて、日本人の食生活の変化ですが、上の表を見てください。（『からだの自然治癒力をひきだす食事と手当て』大森一慧著・ソレイユ出版より）

戦前（昭和九～十三年）と平成六年の食品摂取量を比較すると、乳製品二十七倍、肉十四倍、鶏卵七・七倍、油脂十六倍、小麦三・八倍と多くなっているのに対して、米は半分に減り、明らかに食事が欧米化しているのがわかります。

ところで、食べ物をかむためにある人間の歯はどのような構造になっているのでしょうか。

次の図を見てもわかるように、人間の歯は三十二本あります。この歯を形で分類すると、

①臼歯《きゅうし》（穀類をすりつぶす歯）二十本

②犬歯（動物性食品を噛み切る歯）四本

図　永久歯の構造

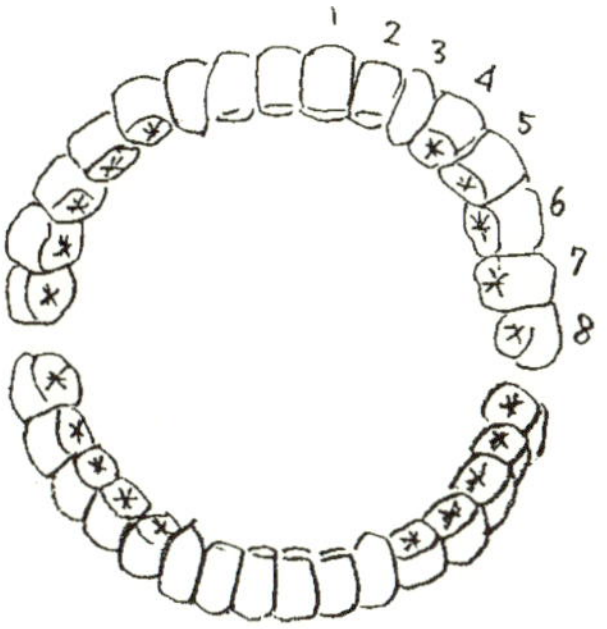

1　中切歯 ｝門歯
2　側切歯 ｝門歯
3　犬歯
4　第１小臼歯 ｝臼歯
5　第２小臼歯 ｝臼歯
6　第１大臼歯 ｝臼歯
7　第２大臼歯 ｝臼歯
8　第３大臼歯 ｝臼歯

③門歯（野菜類を切る歯）八本となっています。このことから、人間が必要とする食べ物とその量を考えると、

①穀類・豆類　六二・五パーセント（六割強）
②動物性食品（肉・魚・卵・乳製品）　一二・五パーセント（一割強）
③野菜類　二五・四パーセント（二～三割）

となり、いかに今の日本人が、歯と合わない食生活をしているのかわかります。

日本人が昔から食べていた食事（和食）が体によいと欧米では評価され始め、理想の食事として取り入れられています。年々増える子ども（大人も含む）の肥満をストップさせるためにも、もう一度、『歯はその生き物の必要な食べ物を表している』という観点から、食生活を見直してみてはいかがでしょうか。

は

☆☆☆☆☆☆☆

腹が立ったら、三十数えよう

ストレスの多い現代社会、腹の立つことは多いものです。子育てをしていてもいろいろなことがあり、うまくいかないとイライラして怒り散らすこともあります。

でも、そういうときこそ心を落ち着かせることが大切だと思います。腹が立ったまま行動すると見えるものもよく見えず、判断力にも欠け、あまりいい結果は生まれません。

そこで提案。腹が立ったら、ゆっくり三十数えることを勧めます。一、二……とゆっくり数えていくうちに、心が落ち着き、なんで怒っていたか忘れてしまうことがあるぐらいです。そんなに怒る内容でなかったことに気付いたり、いい解決方法を思いついたりして、冷静に行動できます。もし、子どもに対して怒っていたのなら、カッカしたまま対応するより、次につながるよい対処ができることでしょう。

ひ

☆☆☆☆☆☆☆

人があきれる話に子育てのヒントあり

世の中には、「えっ！　本当なの？」と驚かされることが多々あります。でも、その内容を吟味してみると、子育て中に、少しでも気を付けて教えたり、身に付けさせたりしていれば、どうにかなりそうなものもあります。

私が今までに聞いたびっくりする話の中から二つほど紹介しますので、子育て中にどんなことが必要なのか、一緒に考えてみてください。

①「家の子のおしっこは青くないのですが……」

これは、オムツの吸水力をわかりやすくするために、青色の水を使ったテレビコマーシャルを見た母親が、自分の赤ちゃんのおしっこが青くないことを心配してかけてきた電話の内容だそうです。

これを最初に聞いたときは本当に驚きました。自分の尿を見てもわかるでしょうにと思いました。でもよく考えると、私自身ももの心つく三歳くらいからの記憶はあっても、自分が赤ちゃんの頃の記憶はありません。赤ちゃんの頃のおしっこの色は、黄色っぽいだろうとは想像できても断定はできないのです。

では、なぜ私は、あのテレビコマーシャルを見て、青色の水はおしっこではないとわかるのでしょうか。それは、私には弟が二人いて、小さいときに赤ちゃんを目にする機会があり、赤ちゃんでもおしっこは黄色っぽいものだと自然に知ったからです。昔は兄弟も多かったし、近所付き合いも家族ぐるみで行っていましたから、自分の家に赤ちゃんがいなくても、目にする機会はありました。

でも、今はどうでしょうか。一人っ子で弟や妹がいなければ、家の中で赤ちゃんを目にすることはありません。また、隣の家に赤ちゃんが生まれても、余程親しくお付き合いしていなければ見に行くこともないでしょう。そういう環境の中では、昔のように自然に知ったり、身に付いたりということは、なかなかできないものです。

親は、子どもはこのくらい知っているだろうと思い込みで接してしまうことがあります。でも、子どもは、意外と知らないことが多いものです。ですから、大事なことは機会がある度に教えるとか、多くの経験をさせることが必要なのです。

②「ママに相談してくるから、もう一日待ってくれないかなぁ」

これは、大学を出た社会人一年生の男性の言葉です。同期の同僚が集まって旅行の計画を立てているときに言った言葉だそうです。ほとんど決まり、これで行こうというときに、母親ならもっといい案を知っているかもしれないからという理由で言ったのですが、そこにいた同僚たちは唖然としてしまったようです。

特に女性は、成田離婚（新婚旅行中の男性に幻滅して成田に帰ってきた時点で離婚を申し出ること）を思い浮かべた人もいたそうです。

彼には悪気はまったくありません。それどころか、少しでもよい旅行にしようと考えているのです。それなのに、なぜ周りの人に受け入れられなかったのでしょうか。

きっと、一日待ってほしいという理由が、自分が調べたいからというものだったらよかったのでしょう。大人になっているのに自立できず、母親に依存している点が問題なのです。

小さいときから常に誰かの許可を得て行動してきた子は、自分のことですら自分で決めるのに不安がつきまといます。

私自身、母親に、

「お母さんの言う通りにしていれば間違いないから、言うことを聞きなさい」

と言われて育ちました。確かに子どもの頃はそうでした。だから大人になっても、何かあると、一人で決められず、母を頼って決めていました。そして、そのことについて、大人なのにおかしいという意識はまったくありませんでした。

私がおかしいと気付いたのは、恥ずかしいことに結婚してからです。何かのことで、主人に、

「お母さんのところに行って聞いてくれば気がすむんでしょう。どうせ、僕の言うことなんか聞いてもらえないんだから」

と言われたときでした。夫婦で考えて決めればよいことを、当事者の主人の意見も聞かずに母に相談するのは本末転倒でおかしいことですから。

母に相談することは決して悪いことではありませんが、いつまでも子どものときのように母を頼りきって自立できない自分が恥ずかしくなりました。もちろんそれ以後は、自分で決めたり、主人に相談して決めたりするようになりました。

子どもは将来一人の大人として自立しなければなりません。家の人の言うことを聞いて間違ったことをしない子どもにすると同時に、自分のことは自分で決め、主体的に行動できる子どもにすることも忘れてはいけないと思います。

ふ

☆☆☆☆☆☆☆

夫婦で話し合い、よりよい子育てを

男女平等・男女同権ですが、男女同質ではありません。

私が若い頃、先輩のお母さんが、

「息子は大人の徴候が出たら、いろいろな相談を主人にさせようと思っているのよ。女の私には、生理的にわからないこともあると思うし、男同士の話も大切だから」

と話してくれたことがありました。

我が家では、生理痛のひどい娘を見た主人が、

「病気じゃないのだから、もう少し動けるんじゃないの」

と言ったことに対し、私は、

「生理は病気ではないけれど、いろいろなタイプがあって、生理痛がひどい人もいるのよ。私は、まったく生理痛はないけれど、すごくひどい場合は、寝込んでしまう人もいるそうよ。お産も安産と難産があるように、その人その人で違うので、一概に生理は病気じゃな

いと決めつけたらかわいそうよ」
と話したことがありました。最初は甘え過ぎと思っていた主人も、それ以降は理解を示し、娘を温かく見るようになりました。

体のつくりや変化については、男と女の場合、まったく違うものなので、夫婦は、男性女性の立場からお互いに話し合って理解を深めることが大切だと思います。

生理的なことでない場合も同じです。例えば子どもをしかるとき、夫婦二人でガミガミしかると行き場がなくなるから、どちらかが強くしかったら、もう一人は、判断基準を同じにしながらも、

「わかればいいのよ」

と優しく抱き止める役になることがあります。

このような場合、もし父親と母親で判断基準が違ったらどうでしょう。子どもはどちらがよいかわからず、困ってしまうでしょう。

よりよい子育てをするには、夫婦でいろいろなことをよく話し合い、方向性を同じにすることが大切だと思います。育った環境がまったく違うわけですから、最初から考え方が全て同じということはあり得ません。また、先に書いた男女の違いからも、考え方の違いが出てきて当然です。だからこそ、じっくり夫婦で話し合うことが必要だと思います。

へ

☆☆☆☆☆☆☆

平和教育を家庭でも！

以前見たテレビ報道の一コマですが、八月十五日に、

「今日は何の日かご存知ですか？」

と、マイクを向けられた二十代の若者が、

「えっ、芸能人の誰かの誕生日？」

と、聞き返していたのを見て驚いたことがあります。そのインタビューは、都会の街角や海岸など、いくつかの場所で行われていましたが終戦の日という意識の低さを物語っていました。


戦争というのは、領土問題、宗教問題などいろいろな原因から起こる国と国との争いです。同じ地球に住む人間という共通項をもちながら、血を流し合い命を奪い合うことまでして戦うことは、本当に必要なのでしょうか。

かつて、広島の原爆資料館を取材のため訪れたことがあります。そこには原爆が投下さ

れ、熱線と衝撃波によって一瞬にして命を奪われた十四万人の人々の生々しい遺品がたくさんありました。中には、お母さんがずっと大切に持っていたという子どもの指先（爪）もありました。きっと、形見《かたみ》としてずっと手元に置いていたかったことでしょう。でも、それを提供し、多くの人々に見ていただくことで、そのお母さんは、二度と戦争はしてほしくないと伝えたかったのだと思います。

戦争は、罪もない多くの人々の命を犠牲にします。戦地で戦って命を落とす人もいれば、家を守っていて爆弾でやられてしまう人もいます。

昭和二十年三月十日の東京大空襲のとき、東京の下町では、一夜にして十万人の尊い命が奪われ、二十七万戸の家屋が焼けてしまいました。それはまさに生き地獄のようだったと言われています。

私自身、戦後生まれで戦争の本当の怖さは体験していません。でも、幼い頃に父母から聞いた話から、二度と戦争は起こしてほしくないと思っています。また、親としてかわいい我が子を戦地に送ることなど考えられません。どこの国の人も同じ思いだと思うのです。

戦後六十年以上が経ち、戦争体験者もどんどん減っています。戦争の本当の怖さを語れる人がいなくなっても、二度と戦争を起こさないようにするため、親は子に語り継いでいく必要があると思います。

小学校では、国語・社会・道徳などで戦争や平和について考える学習があります。子どもが学習してきたときに、お家でも家族一緒に話し合うといいでしょう。小さい子どもたちには、『かわいそうなぞう』（つちやゆきお原作・金の星社）など、平和の大切さを伝える絵本を読み聞かせてあげるといいかもしれません。

広島や長崎では、毎年、原爆が投下された日に、犠牲者の冥福を祈り平和を願う式典が行われています。東京では東京大空襲の日を東京都平和の日とし、都民ひとりひとりが平和について考える日としています。このような日は、テレビでも報道されるので、家族が平和について考える日にできそうですね。

ほ

☆☆☆☆☆☆☆

本人のやる気次第だよ、お母さん

この言葉は、中三の夏休みを控えた息子に言われた言葉です。

中三の一学期の期末テストの直前、息子が学校から帰って来るなり、

「英語の先生、ひどいよな。テスト範囲がレッスン5までなのに、レッスン5を一時間でさぁっとやって終わりなんだよ。わかるわけないよ」

と言うのです。それを聞いた私は、確かにひどいと思いました。

「それじゃあ、みんな困るじゃない」

と言うと、

「みんなは、ほとんど塾に行っているから関係ないよ」

という返事。私は、そのとき初めて、中学校の先生は、子どもが塾に行っていることを前提に教えているのかと心配になりました。息子は、毎日部活に一所懸命でくたくたになって帰っていたので、これで塾まで行かせたら体力がもたないだろうと思っていたのです。

私自身、毎日仕事で忙しくしていたので、中三になった息子に勉強が難しくなっていて大丈夫かどうかも聞かずにいたことを反省しました。やっぱり塾に行かなければだめなのかなぁと、ふと思い、息子に言いました。

「今から、塾に行く？」

すると息子は、

「もう中三の夏休み前だよ。塾では教える内容は全て終わっていて、これからは演習に入るから、今さら行っても遅いよ」

「そうなの。でも、学校ではどんどん飛ばして教えるようでは、塾に行っていない子は困るじゃない。どうするの？」

と言いました。私は、高校受験のこともあるので、急に息子のことが心配になりました。その様子を察したのでしょうか、息子に、

「お母さん、馬鹿じゃない。僕が塾に行けばなんでもできるようになると思っているでしょう。塾に行っている友達の中には、成績のいい人もいるけど、僕より悪い人だっているんだよ。たとえ、今から僕が塾へ行ったとしても、勉強しなければ同じさ。無駄金使うだけだよ。塾に行く行かないじゃなくて、その気になればやるんだよ。結局は、本人のやる気次第だよ。お母さん」

と言われてしまいました。

私は、この息子の一言に気付かされました。結局、息子は塾へは行かず、自分の力で頑張りました。

いつも、自分なりに考えて、いろいろなことに当たってきたつもりでしたが、このときは息子の言っていることのほうが正しいと思いました。そして、こんなことが言えるようになった息子の成長をうれしく思いました。

ま

☆☆☆☆☆☆☆

真似されるのは、素晴らしいことの証《あかし》

息子は、小さいときから絵を描いたり、工作をしたりするのが得意でした。高学年のときです。ある日、家に帰るとすぐに、

「ねぇ、お母さん。人に真似されたことある?」

と聞いてきました。

「あるわよ」

と答えると、

「いやじゃない?」

と言うので、私は、

「どうして?」

と聞き返しました。すると息子は、

「僕が図工の時間に一所懸命自分で考えたり工夫したりして工作をしていると、平気で真

似して作る子がいるんだ。それがすごくいやなんだ。僕は君のを絶対に真似しないから、君も僕のを真似しないでくれと強く言いたい気分。どうしてすぐ僕の真似するんだろう。自分で考えればいいのに」

と言うのです。


絵や工作ではありませんが、私もかつて自分が一所懸命考えたり工夫したりしたものを真似されることを快く思わない時期がありました。ですから息子の気持ちはよくわかるのです。でも、考えてみると人が真似をするのは、それがいいものだからなのです。変なものだったら真似されないものです。そう気が付いたときから真似されても平気になりました。

そこで私は、息子に、

「真似されたっていいじゃない」

と言いました。息子は一瞬、エッ？　という顔をしましたが、私は、

「真似をされるということは、あなたの作品が素晴らしいと思ったという証明でしょう。もし、あなたの作品が変だったら、誰も真似しないでしょう。真似してくださいとお願いしても絶対に真似しないはずよ。あなただって、真似したい作品があるとしたらそれは素晴らしい作品のはずよ。そう考えれば、真似してもらえることはすごいことじゃない。そ

う思わない？」

と言いました。息子は、

「頭の中ではわかるけど、やっぱり真似してほしくないんだ」

と言いました。まだ子どもなので、そこまで心を広くもてないのでしょう。でも、将来は度量の広い人になってほしいと思いました。

ただし、真似されるといっても盗作のような犯罪に当たることではなく、よいものを広めるという意味です。

み

☆☆☆☆☆☆☆

「みる」とは多くのことを含む

「親」とは、その字のつくりから、木の上に立って（子どもを）見ている人と聞いたことがあります。子どもを見ると言っても、実際はいろいろな意味が込められていると思います。

①見る……目で見分ける
②観る……ながめる
③視る……気を付けて細かく見る
④診る……病状を調べる
⑤看る……見守る　よく見る

毎日、子どもの世話をしながら、いろいろなことを教え育てているわけですが、一歩下がって見ていればいいときもあれば、抱き寄せて子どもの様子を把握しなければならないときもあります。その場その場に応じて、的確な「みる」という行動をとれるようにしたいものです。

む

☆☆☆☆☆☆☆

「無」から「有」を創造する活動は素晴らしい

机に向かって漢字の練習をしたり算数の問題を解いたりすることは、基礎基本を養う上で大切な学習ですが、何もないところから何かを創り出す活動はもっと大切な気がします。

私は、小学生だった息子から、

「僕、この家に生まれてよかった」

と言われたことがありました。

「どうして?」

と聞くと、息子は、

「だって、よそのお家だと、工作なんかは遊びだからすぐやめて勉強しなさいって言われるけど、お母さんは、工作も大事な勉強と言って、ずっとやらせてくれるでしょ。だから僕が好きな工作が自由にできるこの家に生まれてよかった」

と話してくれました。

工作を例に、「無」から「有」を創造する活動の素晴らしさを考えてみましょう。

①　作りたいものを頭の中でいろいろ考え、イメージします。
②　自分のもっている知恵や知識を使って形を具体的に考え、材料も決めます。
③　材料をそろえます。家にあるものを利用しますが、ない場合は買い物もしなければなりません。工作好きな息子は、よく建築中の家を見つけると、大工さんに頼んでいらない木切れをいただいてきました。人に何かを頼むときは、それなりの話し方が必要です。
④　作り始めます。失敗すればやり直しの連続です。難しいものに挑戦する場合は、本で調べたり、家族に聞いたりすることも出てきます。
⑤　作品として完成します。やっと作り上げた喜びは、その子にとって最高のものとなり、次への原動力となります。

こう考えると、「無」から「有」を創造することは、いろいろな力が総合的に働かないとできないことだと思うし、作ることで、また新たな力を身に付けることになると思うのです。

ただ机に向かって、ドリルを繰り返し行うような学習をさせるだけでなく、何もないところから何かを創り出せるような子に育てていきたいものです。工作だけではありません。歌づくり、お話づくり、お誕生会の企画・実施、動植物を育てるなど、何かを創り出すことは、身の回りにいろいろあるはずです。やりたいものを子ども自身が見つけて気軽にやればいいのです。

「無」から「有」を創り出す活動は、その子の将来に必ず役立つと思うのです。

め

☆☆☆☆☆☆☆

目の高さを意識しよう

子どもの目の高さで、まわりを見渡したことがありますか？　大人の目の高さで見る景色とまったく違うことがわかります。見上げるものが多く、怖いものがあります。

孫が二歳の頃、私は近くの住宅展示場にポニーが来るというので、乗せに行ったことがありました。ポニーですから小型の馬なのですが、ポニーに乗せたとたん、孫から笑顔が消えました。でも、私がカメラを出して写真を撮り終えるまでは神妙な顔つきで頑張って乗っていました。ところが、私が写真を撮り終わったのがわかると、両手を差し出し、

「大きい、大きい」

と言うのです。まだわかるように話せませんでしたが、大きいから怖いという意味だとすぐわかったので、抱っこして降ろしました。

大人にとっては、それほど高くない馬の背ですが、孫から考えれば身長の二倍くらいの高さですから怖いはずです。

つい、大人は自分の目の高さでものを見てしまいますが、小さい子どもをもつお父さんお母さんは、子どもの目の高さの景色を時々把握して、危険な所はないか点検する必要があると思います。

子どもが小さいときは、洗面所や台所の下の部分に危険なものは置かないように気を付けるといいでしょう。私は、子育て中その部分を一時空にしていました。子どもは好奇心旺盛なので何をするかわかりませんから。

も

☆☆☆☆☆☆☆

ものの見方はいろいろな角度から

湯呑み茶碗を、真上から見ると、丸い穴をのぞいているように見えます。横から見ると丸くはありません。細長く下のほうがつぼんでいます。手に取って回して見ると、場所によって感じが変わって見えます。底を上にして見ると、また違った形に見えます。

このように、同じものも見る角度が違うとまったく違ったものに見えます。いつも一方向から見ずに、いろいろな方向から見ることが大切です。これは、人間を見るときも言えることではないでしょうか。視点を変えると相手のよさや素晴らしさを発見することができます。

子どもについても、勉強面でばかり見ないで違う視点で観察すると、弟思いで優しい子だな、力持ちで頑張り屋さんだななど、素晴らしいところをたくさん発見することができるでしょう。

そして、そのことをほめてあげると、子どもは、ますますよいところを増やそうと努力するものです。ぜひ、お子さんをいろいろな角度から見て、よいところを見つけてください。

☆――ま行

も

☆☆☆☆☆☆☆

もったいないと感じる子に育てよう

物があふれている今日の日本ですが、食べ物に関していうと、六割を輸入しているにもかかわらず、毎日三百万食を捨てていると聞きました。

食べ物がなく、毎日のように子どもが苦しんで死んでいるという国もたくさんあるのに、この現象、何かおかしいと思いませんか。

昔はよくご飯粒を残すと、

「お米は、農家の人が汗水たらして作ったものだから、一粒も残してはいけない」

と言われたり、

「食べ物を粗末にすると、バチが当たりますよ」

と言われたりしましたが、今は、

「お腹一杯なら無理して食べなくていいから残しなさい」

などと、私も言ってしまうことがあります。物が豊富にあると、少々無駄にしても困らないからなのでしょう。

一年生の子どもたちに、給食はできあがるまでに、多くの時間がかかり、大勢の人（食材を育てたりとったりする人、運送する人、調理する人など）の手が関わっているから、残したらもったいないと感じて、少しでも給食を残さないような子になってほしいと考え、こんな授業をしたことがあります。

一週間、給食で食べ残した量を測り、その重さを一年生にわかるように、パンに置き換えて提示しました。その量は、食パン三十九枚分になったのです。ビニール袋に入ったパンの数を見て、みんなびっくりしていました。当然、

「もったいない」

という声が上がり、授業は進んでいきました。給食などを例にして、一年生でもわかるように話してあげれば、もったいないということはわかります。授業を通して、その子なりに残すともったいないという意識が深まり、嫌いな物を一口でも食べようとしたり、おかわりをしてクラスで残す量を減らそうとしたりする姿が見られました。

今、物は豊富にあります。でも、無駄にしていいということではありません。それに、いつまでもこのような状態が続くかどうかもわかりません。小さいときから、もったいないと感じる心を育て、物を大切にする人間になってほしいものです。

や

☆☆☆☆☆☆☆☆

やる気を出させる言葉が一番うれしい

言葉はその場の雰囲気をよくも悪くもさせる不思議な力をもっています。

とげとげしい言葉を遣っていると、仲よくなれません。何かあるとすぐ「バカ」とか「死ね」とか言い合うクラスでは、けんかが絶えないものです。こういうクラスでは、担任はことある度に言葉遣いを注意したり、言葉の大切さを話したりします。また、道徳の授業を通して、言葉遣いについて自分はどうしたらよいか深く考えさせることもあります。でも、学校だけでは限界があります。相手の気持ちを考えた言葉遣いができるようになるには、やはり、家庭でも日頃から言葉遣いに気をつける必要があると思います。

ところで、子どもたちは家族からどんな言葉をかけられているのでしょう。三年生を担任していたとき、家族からかけられる言葉について、「うれしくなる言葉」と「いやだと思ったり、悲しくなったりする言葉」の二つについて、どんな言葉があるかアンケートをとって調べてみました。その結果が次の表です。

お家の人の言葉かけランキング（兄弟姉妹も含む）

うれしくなる言葉	いやな言葉・悲しくなる言葉
一位　すごいね	一位　バカ
二位　がんばったね	二位　アホ
三位　ありがとう	三位　こらっ
四位　えらいね	四位　だまれ
五位　お帰り	うるさい
よくできたね	五位　だめじゃない

見てわかるように、子どもも大人も思いは一緒なのですね。毎日、子どもなりに一所懸命頑張って生活をしているから、お家の方には認めてもらいたいのです。小さい頃、頑張ったことに対して、頭をなでてもらいながら、

「よくやったね」

と言って、ほめられたときはうれしかったし、確かにまた頑張ろうと思ったものです。時

には、そういう子どもの頃を思い出すと、子どもにどういう言葉かけをしたらよいかわかるかもしれませんね。

逆に、いやだと思ったり、悲しくなったりする言葉を見ると、「バカ」がトップです。これは兄弟から言われることが多いようです。子どもは未熟だから、少々な憎まれ口は仕方ないと片付けてしまえばそれまでですが、言われていやだと感じている子どもが多いことも事実です。やはり、未熟な子どもだからこそ、こういう言葉は人が傷つくいけない言葉だと教える必要があるのではないでしょうか。二位以下の言葉も、自分が言われたらいやなものばかりです。親子して、相手の気持ちを考えた言葉遣いができるといいですね。きっと家庭の中におだやかな空気が流れることと思います。

殺伐としている今の日本。どこの家庭でも相手の気持ちを考えた言葉遣いを身に付けさせていけば、混んだ電車で隣の人の足を踏んでしまっても、すぐ「ごめんなさい」と言え、けんかになるようなことは減ると思います。

ゆ

☆☆☆☆☆☆☆

夢のある子に育てよう

三歳になったばかりの孫（男の子）は、電車、車、モノレールなどの乗り物が大好きです。ですから、孫を預かると私たち夫婦は、バスに乗せたり、電車に乗せたりして遠くへ遊びに連れて行くことが多いです。

モノレールに乗せたとき、運転手さんの後ろの窓からその様子をじっと見つめていた孫は、しばらくして、

「大きくなったら、運転手さんになるの。ああやってボタン押して運転するの。そうしたら、乗ってね。でもなれるかなぁ」

と言いました。抱っこをしていた主人が、

「大丈夫だよ。きっとなれるよ」

と言うと、安心したように、また運転手さんのしていることをじっと見ていました。

そういえば、息子も小さいとき、乗り物が好きでよく駅まで電車を見に行ったことがありました。最初、運転手さんになりたいと言っていた息子も、大きくなるにつれて、動物関係の仕事になったり、美術関係の仕事になったり、環境問題に興味をもったりと変化はしていきましたが、常に何かなりたいものが頭の中にありました。高校時代に発展途上国のお手伝いがしたいと言ったときは、目を輝かせて夢を語っていたのを思い出します。

今、子どもたちは、なんのために生きているのか、生きる意味を感じないあまり、自らの命を大切にできない子が増えていると聞きます。また、将来のビジョンがないため、今、なんのために勉強しているのかわからない（この勉強が何に役立つのか見えない）という子もたくさんいるようです。

小学生（それ以前からでもよい）の頃から将来何になりたいか、夢をもたせることは必要だと思います。たとえ将来その職業に就かなくてもいいのです。○○になりたいという具体的な目標があれば、少なくとも、その職業に就くために必要なことを学ぼうとしたり、身に付けようとしたりするからです。そしてその目標に向かって頑張るからです。

テレビで見たある若い女性の獣医さんは、小学校四年生のとき、学校で飼っていた牛の世話を通して、動物に興味をもち、大きくなったら動物関係の仕事に就きたいと思ったそうです。獣医と決めたのは高校生のときで、親の負担のことも考え、国立大学に入るために必死に勉強したと話していました。大学に入ってからも、動物をきちんと診られる獣医になりたいと、日夜勉学に励んだそうです。国家試験に受かり晴れて獣医になれたわけですが、小学生のときの夢がかなうまでの十何年間、目標があったので頑張ってこられましたと話していました。

図書館には、いろいろな職業の内容がわかる子ども向けの本がたくさんあります。そういう本を見に親子で図書館に行くのもいいでしょう。また、お子さんが、

「将来、○○になりたいな」

と、意志を示したら、ぜひ応援してあげてください。目標がある人間は、生き生きしてやる気もいっぱいあるものです。子どもの伸び始めた芽をつまないで温かく見守ることは、夢を育てることにつながります。

よ

☆☆☆☆☆☆☆

読み聞かせは子どもへの愛のプレゼント

子どもにとって、お父さんやお母さんのひざに乗っているだけでも、その温もりを感じて幸せですが、本を読んでもらえたら、もっと幸せだと思います。

本は、自分で読むのと読んでもらうのとではずい分違うものです。字が読めるようになると、つい本も一人で読めると思いがちですが、ただたどしい読み方では、内容まで理解できていないことが多いようです。

その点、読み聞かせは、内容をしっかり把握している大人が読んであげるわけですから、子どもに伝わる部分は一人で読むよりはるかに多いはずです。親が子に読み聞かせをする場合、子どもはひとつひとつ反応するので、もし、途中で理解できていないことがあれば、わかるように説明することもできます。また話し合いのできる年齢であれば、本の内容が話題となって話がはずむこともあるでしょう。

三年生の担任をしたクラスに、大変本好きの女の子がいました。多くの本を読んでいるせいか、文章の表現力も豊かでした。あるときその子のお母さんに、本好きな理由をお聞きすると、小さいとき、毎日読み聞かせの時間を作り、お母さんが本を読んであげていたというのです。読んでもらった本が楽しくて、本が好きになり、自然にひとりでも本を読むようになったそうです。

毎日その時間を作るお母さんも大変だったのではないかと思いましたが、お母さん自身が本を読んであげながら、本の楽しさを味わえて心安まる時間となっていたそうです。

そういえば、同じようなことが、『絵本のある子育て』（長崎市・こどもの本の童話館グループ発行）という冊子に書いてありました。

子どもは本来絵本が好きで、その絵本を親に読んでもらうことは、体も心も親に抱きとめられ、丸ごと愛を感じる時間になるというのです。また絵本は、子どもだけでなく一緒に読んでいる親にもやすらぎと幸せをもたらすものだそうです。先に述べたお母さんが読み聞かせをしながら感じていたものは、このことだったのかもしれません。

絵本を読んでもらうことで、日常とは違う心の世界を親とともに味わう喜びが、子どもの心を満たし、さらには、親子の結びつきを深めることになるようです。

最近、思春期の若者による事件が多く発生しています。幼年期に親子の心身両方の触れ合いが十分なされていないことも原因として考えられています。

子育て中の親は、毎日何かしらやることがあり忙しいものです。ゆっくり時間がとれないために、後回しになりがちな読み聞かせですが、成長期に必要な心の栄養と考えて、短時間でも取り入れてみてください。お父さんやお母さんにも心安まる時間になることを願って……。

ら

☆☆☆☆☆☆☆

ランドセル（物）への思いを大切に

ランドセルと言えば、条件反射のように小学生時代を思い出す人が多いことでしょう。六年間と一言でいってても、その中身はひとりひとり違い、さまざまな思い出が心に刻まれていると思います。ランドセルは、その中の一つでしょうか。

以前、ニュースで、車にはねられた子どもが後ろに飛ばされ、仰向けに道路にたたきつけられたけれども、ランドセルを背負っていたおかげで頭を強く打たずにすみ、軽傷で助かったと聞いたことがありました。この子のような場合は、ランドセルは命の恩人となり、思いも強くなるのでしょうか。

私自身が小学生の頃は、あまり感じなかったのですが、息子が小学校を卒業する頃、息子のランドセルを見て、いとおしく思ったことがありました。家族が寝静まった夜だったせいかもしれませんが、このランドセルを背負って毎日通ったんだなぁとか、雨の日も雪の日も一緒だったんだなぁとか考えていると、ひとつひとつの古傷が、息子の小学校生活

の全てを知っている証のような気がして、

「いつも見守ってくれてありがとう」

と、感謝の気持ちでいっぱいになりました。

息子は、卒業式が近づくと、持っていく学用品が少ないからと言って、ランドセルを背負って行かなくなりました。親の私は、卒業式まで背負って行ってほしいと思いましたが、ランドセルに対する思いが違うので仕方がありません。自分の思いを他の人に押し付けることはできませんが、人には物への思いがいろいろあることを知ってほしくて、息子に手紙を書きました。息子は私のランドセルへの思いを知り、次の日からまたランドセルを背負って学校に行きました。

息子の卒業式当日、卒業生の中にひとりだけランドセルを背負っている男の子がいました。その子は、小学生のときしかこのランドセルは使えないからと言って、卒業式の日まで背負って登校したのだそうです。『僕の小学生時代は、このランドセルと共にある』というその子の思いがそうさせたのです。

ランドセルでなくてもいいのです。人には何かしら特別な物があるはずです。そういう物への思い（大切だと感じる心）を小さいときから大事にしてあげたいものです。

り

☆☆☆☆☆☆☆

理由をまず最初に聞いてあげよう

人はなんらかの行動を起こすとき、それがよいことであっても悪いことであっても、それなりの理由があるものです。大人でも子どもでも同じです。

よいことをしたときは、ほめられることが多いので、あまり問題はないと思いますが、悪いことをしたときは、必ず理由を聞いてあげたいものです。また、それについて親がしかる場合は、なぜしかるのか、その理由も話してあげることです。そうすることで、子どもは悪いことの意味がわかるからです。

教師をしていたときのことです。全校の朝会に三人で遅れて来た子どもたちがいました。もちろんその子たちは堂々としているわけでなく、三人とも、『しまった！』という顔をして、体育館の中に入れずに困っていました。私は、その様子を見て、三人を中に入れるためにそっとそばに行きました。そして、

「朝会はとっくに始まっている時間なのに、三人一緒にどうしたの？」

と理由を聞きました。遅刻したことを怒られると思っていた三人は、一瞬驚いた顔をしましたが、理由を話し出しました。

登校途中の道端で段ボール箱に入れられた子猫（捨て猫）を見つけ、かわいそうだからどうにかしようと三人で相談していたというのです。ところが、登校する子どもたちの姿が見られないことに気付き、『これは遅刻だ！』と思い、急いで走ってきたそうです。

私は、その理由を聞き、子猫に対する三人の優しい気持ちをまずほめました。その上で、三人が遅いのでみんなが心配していたことも話しました。それから、今後こういうことがあったら、どうするかをたずねました。すると三人は、今日のようにその場所でずっと考えていると、遅刻して先生や友達にも心配をかけるから、学校に行ってからみんなで相談するとか、別の方法を考えて遅刻しないように気を付けることを約束してくれました。そして、

「今日は、心配かけてごめんなさい」

と謝りました。

「何時だと思っているの。遅刻ですよ！」

と、頭ごなしに怒るのではなく、このようにちょっと理由を聞いてあげることは大事だと思います。子どもは、理由を話すことで、自分の行動を振り返り、悪かった点については

反省するものです。親や教師が上から『こうしなさい』と言わなくても、自分の行動を自分なりに分析した子どもは、今後どうしたらよいか、よりよい方法を考え出せると思います。

大人でも、理由も聞かれず頭ごなしに怒られたら、その相手には、二度と話す気になれないでしょう。子どもはなおさらです。なんでも話し合える親子関係になるためにも、子ども自身が自ら考え、行動できる子に成長するためにも、行動の裏にある理由を聞いてあげられるといいですね。

る
☆☆☆☆☆☆☆
ルールを守る大切さを教えよう

以前、「赤信号　みんなで渡れば　怖くない」という変な標語が流行ったことがありました。私が担任していた高学年のクラスでも、子どもたちが言っていたことがあったので、「とんでもない。『赤信号　みんなで渡れば　みんな死ぬ』のよ」と話したことがありました。

今、日本は、ルールを守らない傾向がいろいろなところで見受けられます。ずるやインチキがまかり通るようでは、社会の秩序は守られません。小さい頃から、人間は正しいことをしなければならないと、教える必要があると思います。

学校は、たくさんの子どもが生活しているので、安全・健全な生活ができるように、少なからず決まりや約束事があります。子どもたちは、この小さな社会でルールを守る勉強をしているわけです。

一例ですが安全な生活をするために、「廊下・階段は静かに右側を歩きましょう」というのがあります。学校内の交通ルールですが、守られないことがあります。大きな事故が起きることはほとんどなかったものの、ひやっとすることは何度かありました。例えば休み時間になり、少しでも早く外に出ようと階段をかけ下りてきた六年生が、一階の廊下を歩いていた一年生と階段下で接触し、一年生が倒れてしまうとか、廊下を歩いていた子が反対から走ってきた子と正面衝突して思いきり頭をぶつけてしまうとか、思ってもみないことが起こるのです。

幸い大事にならなかったからよかったものの、一歩間違えば大変なことになりかねません。何かが起こると気を付けるようになるのですが、それでは遅いのです。子どもたちにルールの意義を知らせ、普段から守るようにさせたいものです。ルールを守るということは、自分の身を守ることにつながるわけですから。

交通ルールのように直接命を守るルールでないものもあります。それは人に迷惑をかけたり不快な気持ちにさせたりすることを防止するルールです。電車の中で平気で化粧をしたり、食べ物を食べたりするのは、その周りにいる人には迷惑（不快）なことです。電車は個室ではなく公共の場なのですから、もっと人目を気にするべきです。

「鉄は熱いうちに打て」という諺《ことわざ》のように、ルールを守る人間になるように、小さいときから、親子一緒に、いろいろな場面でルールを確認していくとよいのではないでしょうか。

れ

☆☆☆☆☆☆☆

レジで支払うまでは、お店の商品

子どもが小さいとき、スーパーマーケットでの買い物には、大変神経を遣いました。それは、店の商品をどんどんかごに入れ、レジでお金を払って買うということが、幼い子どもにどのように理解されるかわからなかったからです。

商品を自由にとって自分のものにできるところだと思っては困ると思いました。まだ赤ちゃんで、買い物ということさえ知らない頃は別ですが、一人で歩いて、商品についても食べ物かおもちゃかなどを理解できるようになったときからは、必ず手を引いて、一人で勝手にさせないようにしていました。そして、一つ一つ商品をかごに入れながら、

「これはまだお金を払っていないから、お店のものよ。だからまだ開けられないの」

と、子どもに言っていました。

よく、スーパーマーケットの中で、子どもを自分の手元に置かず、好き勝手にさせている方がいますが、私にはできませんでした。中には、商品を勝手に開けて食べている子も

います。後からレジでお金を払うのだからいいと考えているのでしょうが、子どもはこういう行動を許されるものとして身に付けてしまうように思います。私は特に強調して、レジを通るまでは、

「まだ、お店のものよ」

と言い、お金を支払うところを見せ、買い物袋に商品を入れるとき、

「お金を払ったので、家のものよ」

と話していました。これをスーパーマーケットに行く度に繰り返していたことを今でも思い出します。


今、万引きが年々増えているといいます。中には、お金を持ちながらスリルを味わっている者もいるそうです。見つかったら、お金を払えばいいと思っているのでしょうか。陳列棚から自由に取れるような販売システムにも問題があるのかもしれませんが、万引きは犯罪です。小さいときから、自由に棚から取ってかごに入れられるシステムに慣れている子どもたちだからこそ、レジでお金を払わなければ自分のものにはならないということを教えたいものです。

ろ

☆☆☆☆☆☆☆

ローマは一日にして成らず、子育ても日々の積み重ねが大事

この諺のように、昔、ヨーロッパで栄えたローマ帝国は、長い歴史と人々の努力の結果できあがりました。子育ても同様です。簡単にできるものではありません。多くの時間や労力をかけ、じっくり行っていくものだと今さらながら感じます。子育ては大きな仕事です。

私自身も、子育て中は、多岐に渡っていろいろ悩みました。子どもは日に日に成長しているのですから、当然のことです。成長段階によって悩みの内容も違うので、その都度考えて対応しクリアしていきます。しかし毎日の生活に追われ、忙しく過ごしていると、目先のことに気をとられ、その場限りの対応になってしまうこともありました。

忙しい時間帯になかなか言うことを聞かない子どもに、

「何回、同じことを言ったらわかるの?」

などと言ったことがあります。口で命令してやらせようとしていることに無理があるのに

心にゆとりがないと、それすら気付かずに同じ方法で押し通そうとしてしまうものです。

今すぐに子どもに気付かせなければならない危険なことなら、親の必死な対応を子どものほうも感じとり行動に移りますが、どうでもよいとわかれば動くはずがありません。三歳くらいまでは親の言うことを素直に聞いていても、成長するに従って反応は変化していくものです。親の対応も、子どもの成長と共に変化していかなければ、いつしか子どもの心がつかめなくなってしまうでしょう。気持ちにゆとりをもって子育てをするためにも、子どもの発達段階の大まかな目安はつかんでおくとよいかもしれません。

あまり細かくすると、親のほうが、発達の差が気になって育児ノイローゼになってしまうこともあるので、あくまでも大まかがいいと思います。

息子が中学生の頃のことです。ある日、話をしていると、

「お母さんの悪い所はそういうところだよ」

というような批判をされました。そのときまで痛烈な親批判をされたことがなかったので、正直驚きました。病気に例えるなら免疫力がない状態です。普通なら冷静になれず、売り言葉に買い言葉で、

「親に向かってなんていうことを言うの」

と、親子の口げんかが始まるか、ショックの余り肩を落とすかのどちらかになるところで

しょう。でも、このときの私は意外と冷静で、

「すごいじゃない。親も批判できるようになったんだぁ。身体だけでなく心（頭）のほうも、ちゃんと成長しているんだね。お母さん安心したわ」

と、息子ににこにこして言ったのです。言い過ぎたかなと思っていた息子は、怒られると思っていたようで、私の言葉に逆に驚いていました。

子どもは小学校高学年くらいになると、大人を客観的に見つめ批判できるようになります。私は、教師時代に保護者の方によく、

「大人を批判することは悪いことではなく、子どもが大人として成長している証拠ですよ。批判もできないようでは将来困るでしょ」

などと話していたのです。そんな状況が功を奏してか、息子の親批判を子どもの成長の喜びとして感じることができたのです。

子育ては、いろいろな出来事を通して親として成長させてくれるものなのです。決して悩みばかりではありません。たくさんの喜びも子どもと共有できます。時間がかかるものですから、できるだけ楽しみながら行い、喜びをたくさん感じてほしいと思います。

わ

☆☆☆☆☆☆☆

「私一人ぐらい」から、「私一人でも」へ

日常生活の中で、これくらいなら許せるだろうとか、私一人ぐらいならいいやと思って、あまりよくない行動をしてしまうことはありませんか。

学校の子どもたちの生活でも似たような行動を見かけたことがありました。例えば、掃除当番をみんなが一所懸命やっているのに、一人ぐらい遅れてもどうせ時間内に終わるからいいやと勝手な判断をして遅れてくるとか。このような判断はよくないと気付いてほしくて、次のようなたとえ話をしたことがあります。

フランスの話です。おいしいワインの産地だったある村での出来事です。お世話になった先生が辞めるので、みんなでお礼に何かを贈ろうということになりました。どの家もワイン農家だったので、ワインを贈ることに決まりました。各家庭からそれぞれコップ一杯ずつのワインを樽に入れ、その樽を贈ることになったのです。ところが、ある家庭では、

「みんなが、ワインを入れるのだから、家一軒ぐらい水を入れたってわかりゃぁしないだろう」

と考えたのです。みんなから集められたワインが樽一杯になったので、お別れの日、その樽は先生に贈られました。家に帰った先生が、早速そのワインを飲むと、それはワインではなく水だったのです。

そうです。家一軒ぐらい水を入れたってわかりゃぁしないだろうと考えたのは、あの家庭だけでなく全家庭だったのです。

とかく人間は同じようなことを考えます。よいことなら問題はありませんが、悪いことなら、それが何十倍、何百倍もの大きさになるわけですから大変です。

これぐらいならいいやと思うことがあったら、すぐに行動しないで、もしみんなが同じことをやったらどうなるか想像してみることも必要だと思います。そして、悪い結果になりそうだったら、やめるべきです。

今、日本人のモラルがどんどんくずれてきています。その根底には、「私一人ぐらい」という気持ちがあるのだと思います。よりよい社会にするためにも、「私一人でも悪いと思うことはやらない」という気持ちを幼いときから育てたいものですね。

を

☆☆☆☆☆☆☆

「を」の使い方は、小さい頃からしっかりと

大人でも「を」を「お」と書いていたり、「気をつける」を「気よつける」と書いていたりするのを見かけます。

実は、この「を」の使い方は一年生の学習なのです。

次の文を見てください。

＊　わたし(は)、ランドセルをし(ょ)(っ)て学校(へ)行きました。

丸印の字の使い方や、「、」「。」（句読点）もそうです。

この時期にしっかり覚えさせないと、いつまでも間違ったままになる傾向があります。

もちろん学校で教えることですが、もし、宿題で書いている文の中に、間違った使い方を見つけたら、そのままにせず、

「お母さん、ひとつ間違い見つけちゃった！　ど・こ・だ？」

と、さり気なく言って、お子さんにその間違いを気付かせてくださいね。

ん

☆☆☆☆☆☆☆

「ん」のつく野菜は冬が旬

「野菜は体によい」ということは、テレビの健康番組でもよく取り上げられるので、多くの人が知っています。でも、野菜をたくさん食べているという人の中には、生野菜中心の人もいます。夏の暑いときは、体を冷やすために生野菜のサラダ（例えば、レタス、キュウリ、トマトなどの夏野菜）を食べるのはいいですが、冬の寒いときにも、このようなサラダを食べると、体の冷えにつながり、あまりよくないようです。

私自身、野菜サラダが好きで、かつては冬でも夏と変わらないサラダを食べていました。今は、一年中同じ野菜がスーパーマーケットに並んでいる時代ですから無理もないですが、やはり旬を考えて食べたほうが体にはいいようです。

冬に参加した料理講習会で「ん」のつく野菜の煮物というメニューがあり、根菜類の素晴らしさを再確認しました。冬野菜には体を温める働きがあります。「ん」のつくものが多く、煮物など温かい料理に向いています。煮物で使った「ん」のつく野菜を紹介します。

①にんじん
造血効果が高く、貧血ぎみの女性には欠かせない。
②れんこん
細胞を引き締めながら弾力性を取り戻す働きがある。食物繊維が豊富で腸の働きを助ける。ビタミンB_{12}が造血によい。
③だいこん
でんぷん・脂肪・たんぱく質を消化する酵素をたくさん含む。ビタミンCや水分が多い首の部分はおろしに向く。
④ごぼう（ごんぼ）
体が酸化したり腸が汚れがちの現代人の体質を強力に改善する。
⑤こんにゃく（野菜ではありませんが）
食物繊維が豊富。体内の不要な物質を排出する効果がある。

野菜と一口にいってもいろいろなものを含んでいます。『からだの自然治癒力をひきだす「基本のおかず」』（大森一慧著・サンマーク出版）には、

「根（根菜やいも）と葉（葉もの）と実（果菜や青豆）。これに種（玄米）を合わせて、植物丸ごとの生命力をいただきましょう」

と書かれています。

食べ物に関しては、いろいろな分類の仕方があると思いますが、根・葉・実・種という考え方を参考にすると、根菜類の必要性がわかると思います。

私は最近特に、人間は自然の一部なので、人工的に育てたものより旬の食材を食べることが大切だと感じています。

春に芽吹く山菜や野菜のほろ苦さや香りは、冬の間に私たちの体の中にたまった余分な脂肪やたんぱく質、古い塩分を分解し体の外に出す働きがあるそうです。これは一つの例ですが、自然の営みのすごさを感じます。

また、地産地消といわれるように、できるだけその地で採れたものを食べるようにしたほうがいいと思います。

今、世界で和食が見直されているようです。日本人は、日本の風土に合った食事をすることが、一番自然で、何よりも体に合っていると思います。

ん

☆☆☆☆☆☆☆

「んー」と考える余裕を大切に

何事もすぐ判断しないで、

「んー」

と、一呼吸置く時間が必要だと思います。

失敗をしたときのことを振り返ってみると、急いでやろうとしたことが、かえって裏目に出ることが多いものです。例えば、

「お兄ちゃんにぶたれた」

と、下の子が泣きながら助けを求めてきたので、とっさに、

「お兄ちゃんなのにぶっちゃだめでしょう」

と、理由も確かめずにしかったら、実は下の子が、上の子の大事なものをこわしていたなんていうことがあるものです。少々下の子が泣いていても、あわてずに対処しないと上の子がいやな思いをいつもすることになりかねません。

上から急に物が落ちてくるような危険なときは、とっさに判断して動かなければなりませんが、そうでなければ、じっくり考えて先を急がないことも大切です。

「あわてるとろくなことがない」とか、「急がば回れ」などの言葉から、昔の人はよくわかっていたのだなぁとつくづく思います。

☆——わ・を・ん

おわりに

私の人生の中で、本を出版するなんて、以前は想像もしていないことでした。それが、文芸社の出版説明会に参加したことがきっかけで、実現することになりました。長年教師をしていたので、教育関係の論文や研究紀要の原稿などは書いたことがありますが、このような本格的な原稿を作成したのは初めてでしたので、文章表現など、いろいろな点で勉強させていただきました。

息子夫婦が、今、二人の子ども（〇《ゼロ》歳と三歳）を抱え、まさに子育て真っ最中ということもあり、「子育て」をテーマに取り上げ、体験談を書き綴っていくことにしました。

最初は若いパパ・ママにエールを送るつもりで書いていたのですが、書くというのは、今まで私がしてきたことを整理することにもなり、自分が子育てによって、どれだけ成長させてもらったか、また、どれだけ多くの宝物をもらったかをあらためて気付くいい機会となりました。まさに、子育ては親育ちですね。本当によい経験をすることができ、感謝の気持ちでいっぱいです。

最後になりましたが、今回、カバーに素敵なイラストを提供してくれた弟（スージー甘金）に感謝するとともに、文芸社文化出版部の三宅朋典さん、今井真理さん、編集部の三浦千絵さんをはじめ、多くの方々にご指導、ご支援をいただきましたことを心より感謝申し上げます。ありがとうございました。

高橋　惠子

平成十九年四月

著者プロフィール
高橋 恵子（たかはし けいこ）
東京都出身
元公立小学校教諭。現在は専業主婦。一男一女の母。
家族は夫、娘、愛犬（パグ）。
手作り教材・掲示物のアイディアルーム「ぽけっと」を立ち上げ、
身近な先生方に心温まる手作りの季節の掲示物などを提供している。

先輩ママの子育てたまてばこ

2007年７月15日　初版第１刷発行

著　者　高橋 恵子
発行者　瓜谷 綱延
発行所　株式会社文芸社
〒160-0022　東京都新宿区新宿１－10－１
電話　03-5369-3060（編集）
03-5369-2299（販売）

印刷所　株式会社エーヴィスシステムズ

ISBN978-4-286-03217-7